KB272843

단숨에 읽는 세계 정세

# 단숨에 읽는 세계 정세

지지와 야스아키 지음

배조운 옮김

시그마북스
*Sigma Books*

# 단숨에 읽는 세계 정세

**발행일** 2026년 3월 16일 초판 1쇄 발행
**지은이** 지지와 야스아키
**옮긴이** 배조운
**발행인** 강학경
**발행처** 시그마북스
**마케팅** 정제용
**에디터** 양수진, 최연정, 최윤정
**디자인** 김문배, 강경희, 정민애

**등록번호** 제10-965호
**주소** 서울특별시 영등포구 양평로 22길 21 선유도코오롱디지털타워 A402호
**전자우편** sigmabooks@spress.co.kr
**홈페이지** http://www.sigmabooks.co.kr
**전화** (02) 2062-5288~9
**팩시밀리** (02) 323-4197
**ISBN** 979-11-6862-470-2 (03900)

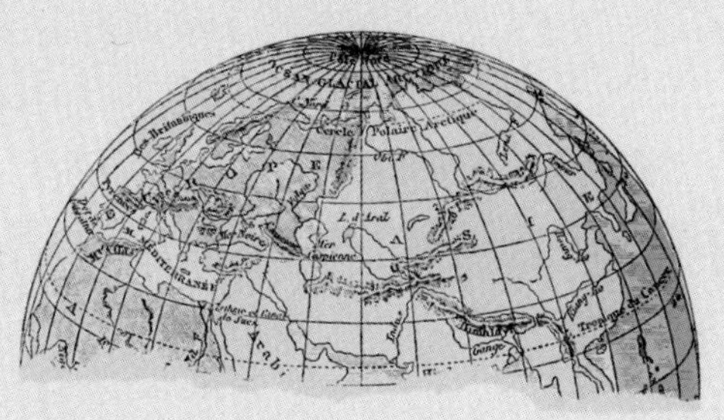

# 차례

# 머리말

주택가의 평온한 일상을 가르며 갑작스레 날아드는 미사일. 적군 병사 앞을 가로막아 선 할머니. 가족의 죽음을 슬퍼하는 사람들.

2022년, 러시아가 우크라이나 침략을 개시했습니다. 이에 맞서 우크라이나는 저항을 이어가고 있으며 미국을 비롯한 서방 국가들이 이를 지원해왔습니다. 그러나 러시아는 우크라이나 동부와 남부 지역을 점령한 채 물러날 기미를 보이지 않고 있어 전쟁의 끝이 보이지 않는 상황입니다.

중동에서는 2023년, 이스라엘과 적대 관계에 있는 팔레스타인인 무장 조직 '하마스'가 벌인 테러를 계기로 이스라엘군이 팔레스타인인 거주 지역인 가자지구를 침공했습니다. 이스라엘은 팔레스타인 측에 과도할 정도의 반격을 가하고 있으며, 그 결과 수많은 민간인이 희생되었습니다.

먼 동유럽과 중동뿐만 아니라, 우리가 살아가는 이곳의 주변 환경도 더 이상 예전처럼 안전하다고만은 할 수 없게 되었습니다. 중국이 머지않은 장래에 대만을 침공하는 것은 아니냐는 우려도 제기되고 있으며 북한 역시 일본 주변에서 반복적으로 미사일을 발사하고 있습니다. 동아시아를 둘러싼 불안한 공기가 자칫하면 전쟁으로 번지지 않으리라는 보장도 없습니다. 전 세계 각지의 이러한 움직임을 뉴스로 접하며 아무런 감정도 느끼지 않는 사람은 거의 없을 것입니다. 말로는 표현하지 않아도 마음속에는 저마다 다양한 생각이 떠오르지 않을까요?

'전쟁이 일어나기 전에 서로 대화로 해결할 수 있으면 좋을 텐데.'

'전쟁을 막기 위해 UN(국제연합)이 좀 더 적극적으로 나서야 하는 것 아닐까?'

'핵전쟁은 무서워.'

이와 같은 생각들 말입니다.

우리가 살아가는 세계에서는 국가 간 힘의 관계에 따라 평화가 지켜지기도 하고, 반대로 전쟁이 벌어지기도 합니다. 앞서 언급한 전쟁과 위기에 대한 생각들은 모두 '세계 권력관계가 어떻게 작동하고 있는가'를 이해하기 위한 중요한 출발점입니다.

물론 이러한 생각이 중요한 출발점이기는 하지만, 여기서 멈춘다면 단지 '감상'에 그치고 맙니다. 어렵게 떠올린 소중한 생각을 '그냥 개인적인 느낌'으로 치부해버리기에는 너무 아깝습니다. 그래서 이제부터는 한 걸음 더 나아가 이런 질문까지 던져보고 싶습니다.

"왜 전쟁이 일어나는 걸까?"

"왜 UN은 힘을 더 발휘하지 못하는 걸까?"

"왜 핵무기는 사라지지 않는 걸까?"

이런 질문들이 왠지 어렵게 느껴진다고 해서 걱정할 필요는 없습니다. 혼자 처음부터 모든 것을 고민할 필요도 없습니다. 세계 권력관계를 이해하기 위해 반드시 알아야 할 핵심 포인트를, 과거부터 현재에 이르기까지 전 세계 지성들이 머리를 짜내어 이미 정리해놓았기 때문입니다. 이 책에서는 바로 그 핵심 포인트를 정리해 여러분이 세계 권력관계를 조금 더 깊이 이해할 수 있도록 돕고자 합니다.

# 직관에 반하는 논리 - 죄수의 딜레마

세계 권력관계를 이해한다고 해도 매일 벌어지는 사건들을 그저 멍하니 바라보고만 있어서는 남는 것이 없겠지요. 그래서 필요한 것이 바로 '분석 렌즈'입니다. 분석 렌즈의 힘을 빌려 세상을 바라보면 '우리의 직관과는 어긋나지만, 논리적으로는 타당한 설명이 존재한다'라는 흥미로운 사실을 깨닫게 됩니다. 이런 '직관에 반하는 논리'를 모르면, 우리의 사고는 논의의 흐름을 따라가지 못합니다.

대표적인 예로 **'죄수의 딜레마'**가 있습니다. 딜레마란, 어느 쪽을 선택해도 문제가 생기는 '진퇴양난'의 상태를 뜻합니다. 여러분 앞에 도둑질로 붙잡힌 죄수 두 명이 있다고 합시다. 죄수 A와 죄수 B는 서로 다른 감옥에 갇혀 있어서 연락을 주고받을 수 없습니다. 이때 조사관이 죄수 A에게 말합니다.

"범행에 대해 이대로 계속 입을 다물고 있으면, 정황 증거밖에 없으니 징역 1년이다. 하지만 자백하면 범행의 증거가 되기 때문에 징역 5년을 선고받게 된다."

여기까지만 들으면 죄수 A가 자백할 이유는 없습니다. 그런데 조사관은 이어서 이런 제안을 합니다.

"다만, 공범인 B가 자백했는데도 네가 끝까지 입을 열지 않는다면, B는 석방되고 너는 징역 10년을 받을 것이다."

죄수 A는 고민합니다. '나와 B, 모두에게 가장 좋은 선택은 두 사람 다 입을 다물고 징역 1년으로 끝내는 것이다. 그런데 만약 B가 자백한다면, B는 풀려나고 나만 징역 10년을 살게 된다. 나만 손해 볼 수는 없지. 그러면 차라리 자백하고 징역 5년을 받는 편이 나을지도 몰라. 게다가 B도 내가 자백할까봐 의심하면서 자기만 손해 볼 수는 없다고 생각하겠지. 그러면 B가 묵비를 선택할 가능성은 점점 줄어드는군. 이렇게 된 이상 어쩔 수 없지…….' 결국 죄수 A는 자백을 선택합니다. 마찬가지로 죄수 B 역시 같은 선택을 했다고 합니다.

자, 이 상황을 정리해봅시다. 죄수 A와 죄수 B 모두에게 가장 좋은 선택은 처음 생각했던 대로 두 사람이 함께 입을 다물고 징역 1년으로 끝내는 것이었습니다. 직관적으로는 묵비를 선택하는 것이 타당해 보이지요.

그러나 여기서 중요한 점은 자신이 묵비를 선택하더라도 결과를 스스로 통제할 수 없고, 타인(죄수 B)의 선택에 상황이 좌우된다는 사실입니다. 나는 입을 다물었는데 상대방이 자백하면 혼자서만 징역 10년을 받는 최악의 결과가 발생할 수 있습니다. 반대로 자백을 선택하면 죄수 B가 어떤 선택을 하든

| 죄수 A \ 죄수 B | 묵비 | 자백 |
|---|---|---|
| 묵비 | A: 징역 1년<br>B: 징역 1년 | A: 징역 10년<br>B: 석방 |
| 자백 | A: 석방<br>B: 징역 10년 | A: 징역 5년<br>B: 징역 5년 |

**그림 1. 죄수의 딜레마**

상관없이 '최대 징역 5년'이라는 결과는 바뀌지 않습니다. 죄수 B 역시 A와 같은 판단을 할 것이고, A와 B 모두 상대방도 같은 생각이겠거니 예상할 수 있으므로 묵비를 선택하는 것은 점점 위험해집니다.

이렇게 두 죄수는 **'상대를 믿고 모두에게 최선인 선택을 할 것인가', 아니면 '나만 손해 보는 상황은 피할 것인가'라는 선택 사이에서 진퇴양난, 즉 딜레마에 빠져 모두에게 가장 좋은 선택이 무엇인지 알면서도 결국 그 선택지를 고르지 못한 것입니다.**

이제 이 논리를 국가 A와 국가 B 사이의 국제 관계에 응용해봅시다. A국과 B국이 각각 군비를 보유할지 보유하지 않을지 선택할 수 있을 때, 두 나라가 할 수 있는 최고의 선택은 모두 군비를 보유하지 않는 것입니다. 하지만 우리나라는 군비를 포기했는데, 상대 국가가 군비를 보유한다면 매우 위험한 상황이 됩니다. 그러면 결국 A국도 B국도 군비를 포기할 수가 없습니다.

## "지옥에 이르는 길은 선의로 포장되어 있다" - 집단행동 문제

'영세중립국'이자 평화 국가라는 이미지가 강한 스위스조차도 사실은 무장 국가입니다.

'바보 같은 짓이야. 왜 굳이 군비 같은 걸 보유하는 거지? 다 같이 버리면 될 텐데.'

이렇게 생각하는 사람도 있겠지요. 하지만 앞서 살펴본 바와 같이 A국과 B국 각각의 입장에서 생각해보면 양국 모두가 반드시 어리석은 길을 택했다고 보기는 어렵습니다. 오히려 두 나라의 선택은 각자의 관점에서 충분히 이치에 맞는 결정이라고 할 수 있습니다.

그런데 각 나라가 이치에 맞는 선택을 한 결과, 국제 관계 전체로 보면 어느 나라도 원래 바라지 않았을 '양국 모두 군비를 갖춘 상황'에 이르게 된 것입니다. 다시 말해, **부분적으로 합리적인 선택이 모여 전체로서는 불합리한 결과가 나타나는 상황**입니다. 이것을 전문용어로는 '**집단행동 문제**'라고 합니다.

18세기 영국의 문학자 새뮤얼 존슨은 이런 말을 남겼습니다.

**새뮤얼 존슨 (1709~1784)**
영국의 문학자

"지옥에 이르는 길은 선의로 포장되어 있다."

'나쁜 짓을 하면 지옥에 떨어진다'는 말은 쉽게 이해할 수 있습니다. 그러나 존슨의 말은, 각자가 옳다고 믿고 선의로 선택한 행동이 반드시 최선의 길로 이어지는 것은 아니라는 점을 가리킵니다. 바로 여기에 인간 사회의 어려움이 존재합니다.

'죄수의 딜레마'와 같은 '직관에 반하는 논리'는 세계 권력 관계를 이해하는 데 매우 중요한 역할을 합니다. 이 책에서는 이와 같은 중요 포인트들을 다양하게 소개해드리겠습니다.

## 정부가 없는 국제 사회

"그럼 죄수의 딜레마 이야기에는 다른 해결책이 없는 것일까?"라는 의문이 들었다면, 상당히 예리하신 분입니다. 그렇습니다. 사실 '죄수의 딜레마'에는 해결책이 존재합니다. 바로 조사관 이외의 제삼자가 등장해 죄수 A와 죄수 B에게 "자백하지 말라"라고 강제로 시키는 방법입니다. 국가 A와 국가 B 역시 마찬가지로, 제삼자가 "군비를 포기해라"라고 강제할 수 있다면 문제는 해결될 것입니다.

국내에서는 이런 역할을 정부가 맡고 있습니다. 예를 들어 세금은 강제로 징수되고 있지요. 만약 강제가 아니라면, 세금을 내지 않겠다는 사람이 나타날 수 있습니다. 더 나아가 모든 국민이 '다른 사람들은 세금을 안 내는데, 나만 내는 건 억울하다'라고 생각하게 된다면 세금은 단 한 푼도 걷히지 않을 것입니다. 그렇게 되면 갈라진 도로는 방치되고, 고장 난 신호등이 수리되지 않는 등 결국 사회 전체가 불편을 겪게 됩니다. 그래서 정부는 국민이 불편을 겪지 않도록 강제력을 발휘해 세금을 징수하고 있습니다.

문제는, 국내에서 정부가 가진 권력이 국제 사회에는 존재하지 않는다는 점입니다. 국제 사회는 **'무정부'**입니다. 가끔 축구 경기에서 관중이 난투극을 벌일 때, 해설자가 "현장은 무정부 상태입니다"라고 말하기도 해서 다소 부정적인 인상을 주기도 하지만, 여기서 말하는 '무정부'에 특별히 그런 의미가 담겨 있지는 않습니다. 국제 사회에는 정부가 없다, 단지 이 사실을 가리킬 뿐입니다. 'UN이 국제 사회의 정부 역할을 하는 것 아닌가?'라고 생각할 수도 있지만, UN은 국제 사회의 정부가 아닙니다. UN이 강제력을 발휘할 수 있는 상황은 매우 제한적입니다(이 내용은 제5장에서 자세히 설명하겠습니다).

그렇다면 아예 '세계 정부'를 새로 만들면 되지 않을까요? 이 역시 간단한 문제는 아닙니다. 현재 유럽에서는 여러 국가가 모여 '유럽연합(EU)'을 만들고 화폐도 유로로 통일했습니다. 그러나 유럽 이외의 지역에서는 이와 같은 움직임이 거의 보이지 않을뿐더러 2020년에는 영국이 EU를 탈퇴하기도 했습니다. 유럽의 사례에서도 알 수 있듯 현시점에서 국제 사회의 정부를 수립한다는 것은 현실성이 낮은 이야기입니다. 설령 세계 정부가 만들어진다 해도 그 정부가 반드시 좋은 정부일 것이라는 보장도 없습니다. '세계 대통령'을 비판하면 비밀경찰에게 체포되는 사회가 되었을 때, 도망칠 '외국'조차 존재하지 않게 되겠지요.

따라서 세계 권력관계는 당분간 '무정부 상태'에 놓여 있다는 점을 전제로 해야 합니다.

## 세계 권력관계를 이해하는 길잡이

이 책의 각 장에서는 세계 권력관계를 이해하기 위한 핵심 포인트들을 살펴보겠습니다. 여러분이 학교에서 세계사 수업 때 배운 내용과 이 포인트들을 연결 지어 이해하면 좀 더 구체적인 이미지가 그려질 것입니다. 세계 역사는 전쟁과 평화의 반복이었기 때문에 그 안에 참고할 만한 사례가 많습니다.

제1장에서는 "역사 속에서 세계 권력관계는 어떻게 변해왔을까?"를 살펴보며 과거의 '제국'과 오늘날의 '주권 국가'가 어떻게 다른지 알아봅니다. 여기서 말하는 주권이란, 우리가 흔히 "우리나라의 주권을 지켜야 한다!"라고 말할 때 사용하는 바로 그 개념입니다.

지금처럼 주권 국가가 당연한 세상이 만들어지기까지 역사 속에서는 수많은 제국이 흥망성쇠를 거듭했습니다. 그러나 시간이 흐르면서 아시아를 비롯한 세계 다른 지역과 달리, 유럽에서는 제국의 출현을 위험한 것으로 인식하게 됩니다. 제2장에서는 제국의 출현을 막을 방법으로 고안된 '세력 균형'이라는 시스템에 대해 배웁니다.

제3장과 제4장에서는 "제1차 세계대전과 제2차 세계대전은 왜 일어났을까?"라는 질문에 '취약성에 의한 전쟁'과 '기회주의적 전쟁'이라는 두 가지 분석 렌즈를 비추어 생각해봅니다. '취약성에 의한 전쟁'이란, 적극적으로 전쟁을 원하지는 않더라도 상대에게 먼저 조치를 취하지 않으면 약점을 안고 있는 자신이 공격당할 수 있다는 공포 때문에 어쩔 수 없이 전쟁에 뛰어들어야 하는 상황에서 시작되는 전쟁으로, 바로 제1차 세계대전이 발생한 메커니즘입니다. 그에 비해 제2차 세계대전은 '기회주의적 전쟁', 즉 기회만 있다면 적극적으로 공격에 나서는 형태에서 시작된 전쟁이었습니다. 발생 메커니즘의 차이를 확실히 이해하지 못하면 전쟁을 막는 방법 또한 잘못 적용하게 됩니다.

제5장에서는 세력 균형만으로는 세계대전을 막을 수 없었다는 반성에서 생겨난 '집단 안전 보장'이라는 시스템을 설명합니다. 집단 안전 보장이란 '그룹(집단) 전체가 함께 침략을 막는다'라는 의미입니다. 이를 위해 만들어진 국제기구가 UN이지만, 현실에서 UN은 러시아의 우크라이나 침략조차 막지 못했습니다. 이 장에서는 "왜 UN은 제대로 기능하지 못하는가?"를 함께 알아봅니다.

제6장 '핵무기는 왜 사라지지 않을까?'에서는 핵무기를 사

실상 사용하지 못하게 만드는 장치인 '핵 억지'라는 개념을 소개합니다. 2024년, 일본의 비핵 활동 단체인 니혼 히단쿄(일본 원폭 피해자 단체 협의회)가 노벨 평화상을 수상했다는 뉴스에 많은 사람이 기뻐했습니다. 그러나 현실에서는 핵무기로 위협을 가해 침략 전쟁에 나서는 러시아와 같은 국가가 존재하며, 핵무기를 사용하지 못하게 하려면 여전히 핵 억지에 의존해야만 합니다. 이 장에서는 특히 '직관에 반하는 논리'가 많이 등장합니다.

또한 전쟁을 어떻게 막을 것인가뿐만 아니라, 제7장에서는 "전쟁은 어떻게 끝날까?"를 생각해봅니다. 상대를 끝까지 철저하게 무너뜨릴 것인지 아니면 타협할 것인지 사이에서 고민하는 '전쟁 종결의 딜레마'라는 분석 렌즈를 함께 소개합니다.

마지막 제8장에서는 "인류는 또다시 대전쟁을 일으킬까?"라는 질문을 던집니다. 이런 질문이 다소 위협처럼 들릴지도 모르지만, 전쟁이 쉽게 일어나지 않는 세상을 만들기 위해서는 지금의 세계 권력관계를 우리 한 사람 한 사람이 제대로 이해하고 고민하는 것이 중요합니다. 이 책이 그러한 생각을 시작하는 데 도움이 되는 길잡이가 되기를 바랍니다.

# 제1장

# 세계 권력관계는 어떻게 변해왔을까?

## - 제국과 주권

## '제국'이라는 말의 의미

역사 교과서를 펼쳐보면 대부분의 내용은 '제국의 흥망성쇠'를 다루고 있습니다.

지금으로부터 약 5,000년 전, 세계 곳곳에서 작은 고대 문명들이 생겨났습니다. 쌀과 같은 식량 생산이 시작되고, 피라미드 같은 거대 건축물을 협력하여 짓는 체계가 마련되는 등 인간 사회의 최초 형태가 나타났다고 볼 수 있습니다. 이러한 문명 속에서 머지않아 큰 흐름이 형성되었습니다. 기원전 3세기에는 유라시아 대륙의 동쪽과 서쪽에서 각각 거대한 '제국'이 탄생했습니다.

'세계 권력관계'라는 테마를 다루면, 보통 17세기 무렵의 유럽 역사부터 이야기가 시작될 때가 많습니다. 그리고 그즈음에 '주권'이라는 개념도 등장합니다. 현재의 세계 권력관계를 이해하는 데 주권은 분명 기본이 되는 개념입니다. 하지만 느닷없이 '17세기 유럽에서의 주권 등장'부터 이야기를 시작한다면, 다소 뜬금없고 다가가기 어렵겠지요. 그래서 우선 유럽 외의 지역까지 포함해 고대부터 존재해온 제국의 역사를 살펴본 뒤, 그것과 대비해 주권의 개념을 이해해보려고 합니다. 유럽 사람이 아닌 우리에게(적어도 저에게) 그편이 훨씬 이해하기 쉬울 것입니다.

여기서 말하는 **'제국'**이란 반드시 '황제가 통치하는 국가'를 의미하는 것은 아닙니다. '제국'이란 영어의 '엠파이어(empire)'를 번역한 단어로, 본래 '엠파이어'란 황제의 존재 여부와 관계없이 **'여러 지역과 다양한 민족을 강제로 통합하여 지배하는 국가'**를 가리키는 개념입니다. 다시 말해 '제국'이라는 단어에는 한자 그대로 '황제가 통치하는 국가'와 서양의 개념인 '엠파이어'를 번역한 단어라는 두 가지 의미가 있습니다. 이 책에서는 후자, 즉 '여러 지역과 다양한 민족을 강제로 통합하여 지배하는 국가'라는 의미로 사용하겠습니다.

# 동쪽과 서쪽의 고대 제국

세계사에서는 시간의 흐름에 따라 '고대', '중세', '근세', '근대' 그리고 '현대'로 시대를 구분합니다. 이 책에서도 이러한 시대 구분을 대략적인 기준으로 삼겠습니다.

그중 고대, 기원전 3세기부터 기원후 3세기까지의 시기에는 앞서 언급했듯 유라시아 대륙의 동쪽과 서쪽에서 제국이 하나씩 등장했습니다. 동아시아에 세워진 국가는 바로 한(漢) 왕조입니다. 한나라는 기원전 206년에 건국되어 220년에 멸망하기까지 약 400년간 존속했습니다.

참고로 여기서 연도를 외우실 필요는 전혀 없습니다. 한나라는 일본의 야요이 시대부터 히미코가 고대 국가 야마타이국의 여왕으로 있었던 시기까지(우리나라의 경우 후기 고조선과 부여·고구려·옥저 등의 고대 국가를 거쳐 삼국시대 초기까지-옮긴이) 중국을 지배했던 왕조였다는 정도의 흐름만 머릿속으로 그리며 가볍게 읽어주시기 바랍니다. 이 시기 한나라의 영향력은 동아시아 전역으로 퍼져나갔습니다. 한국과 일본이 '한자'를 받아들여 사용하게 된 점을 대표적인 예로 들 수 있습니다.

한편 한나라가 건국된 것과 비슷한 시기에, 유라시아 대륙의 반대편에서는 고대 로마가 이탈리아반도를 통일했고(기원전

272년), 이후 지중해를 아우르는 로마 제국으로 성장하며 번영을 누렸습니다. 그러나 결국 로마 제국도 이후 동서로 분열(395년)한 끝에, 476년에 서쪽의 서로마 제국이 멸망했습니다. 남아 있던 동로마 제국은 수도 콘스탄티노플(현재의 튀르키예 이스탄불)을 중심으로 존속하여 1453년까지 이어졌습니다.

또 하나 간과해서는 안 될 점은 기원전 3세기부터 5세기에 걸쳐 정착 민족이 세운 한나라와 로마 제국 사이의 지역, 즉 유라시아 대륙 중앙에 유목 민족의 제국이 존재했다는 사실입니다. 쌀을 재배하는 사람들은 논 주변에 정착하지만, 유목 민족은 말을 타고 이동하며 생활의 터전을 계속해서 옮겨 다닙니다. 이는 전통적으로 정착 생활을 해온 우리에게 다소 상상하기 어려운 생활 방식입니다.

한나라는 역사상 매우 유명한 제국이지만, 한편으로는 중앙아시아에서 동아시아까지 세력을 떨친 유목 민족인 흉노 제국(기원전 209년~기원후 93년)의 끊임없는 위협을 받았습니다. 한나라와 어깨를 나란히 했던 로마 제국이 분열한 끝에 서로마 제국의 멸망으로 이어진 배경에도, 4세기부터 5세기에 걸쳐 중앙아시아에서 유럽으로 진출한 유목 민족 훈 제국(4세기~455년)이 있었습니다. 흉노족과 훈족은 같은 민족이라는 설도 존재합니다. 이 고대 유라시아 유목 제국의 후예들은 훗날 중세에 이르러, 특히 13~14세기에 걸쳐 역사상 유례없는 거대한 제국을 세우게 됩니다.

그 이야기로 들어가기 전에, 먼저 고대 한 왕조의 멸망과 로마 제국 분열 이후 세워진 두 대제국을 살펴보겠습니다. 한나라와 로마가 각각 유라시아 대륙의 동쪽과 서쪽에서 거의 같은 시기에 건국되었듯, 7세기에도 동아시아에서는 당 왕조(618~907년)가, 중동에서는 이슬람 제국(632~1258년)이 세력을 넓혀나갔습니다.

당 왕조는 한나라와 마찬가지로 중국을 지배했지만, 유라시아 대륙 서쪽 세계의 중심은 점차 지중해 연안에서 이슬람교도가 사는 아라비아반도로 옮겨갔습니다. 이슬람 제국의 수도 바그다드는 당시 세계 최대의 도시였습니다. 이슬람 제국의 통치자는 황제가 아니라 '칼리프'라고 불렸지만, 그럼에도 이를 '제국'이라고 칭하는 이유는 이제 이해하실 수 있을 것입니다. 이렇게 10세기 무렵까지는 당 왕조와 이슬람 제국이라는 두 강대국이 세계에 나란히 존재했습니다.

# 팬데믹으로 멸망한 중세 몽골 제국

중세에 들어서면 당과 이슬람 두 대제국의 영역을 포함해 유라시아 대륙 거의 모든 지역을 지배한 유목 민족의 거대 제국이 등장합니다. 바로 칭기즈 칸이 세운 몽골 제국(1206~1388년)입니다. 이 거대한 제국은 우리와도 깊은 관련이 있습니다. 몽골 제국은 1231년에 고려를 침공하여 장기간 전쟁을 벌였습니다. 그 이후에는 가마쿠라 시대의 일본을 두 차례 침공했는데, 그것이 바로 1274년과 1281년에 있었던 원나라의 일본 원정입니다.

몽골 제국이 이룩한 것은 지금으로 말하자면 일종의 글로벌화였습니다. 그때까지 제각각이었던 유라시아 대륙의 각 지역이 하나로 연결되어, 대륙 전역에서 사람과 물자가 오가게 되

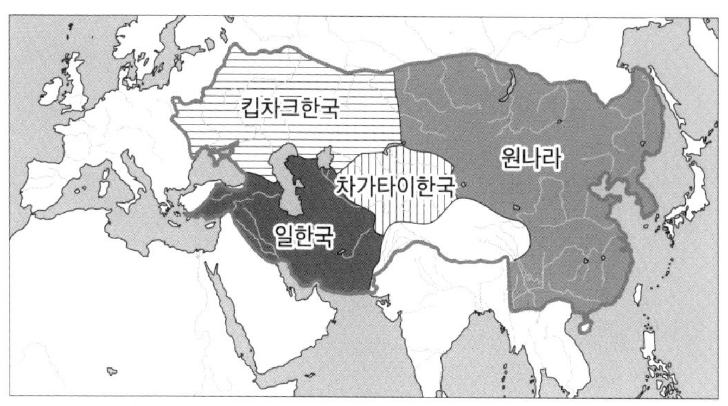


그림 1-1. 몽골 제국

었습니다.

그러나 그 결과 예기치 못한 대재앙이 일어났습니다. 바로 팬데믹(감염병의 세계적 대유행)이었습니다. 13세기 초 몽골군이 지금의 중국 남서부와 동남아시아 지역으로 진출했을 때, 페스트균을 가진 쥐나 벼룩에 접촉했던 것으로 보입니다. 아이러니하게도, 이 대재앙은 '글로벌화'로 인해 한 지역의 전염병에 그치지 않고 대륙 전체로 확산되었습니다. 신종 코로나 바이러스로 힘들었던 우리 세대에게는 결코 남의 일처럼 느껴지지 않습니다. 14세기까지 유라시아 전역에서는 약 7,500만 명이 페스트로 사망했고, 결국 몽골 제국은 무너졌습니다.

14세기 중반 이후 몽골 제국이 분열하는 가운데 1368년 동아시아에서 명 왕조(~1644년)가, 그로부터 2년 뒤 서아시아에서는 티무르 제국(~1507년)이 등장했습니다. 티무르 제국을 세운 티무르는 명나라 원정 도중 병사했는데, 당시 명의 황제는 왕조의 전성기를 이끈 영락제였기에 만약 동서의 두 대제국이 실제로 맞붙었다면 세계사는 지금과 크게 달라졌을지도 모릅니다.

# 근세 아시아 4강의 시대

17세기부터 18세기에 걸친 근세, 즉 한국의 조선 후기와 일본의 에도 시대에 해당하는 시기, 아시아에서는 두 개의 대제국 중심이던 구도가 네 개의 대제국이 융성하는 체제로 바뀌어갑니다. 건국 연대순으로 서쪽에서 동쪽까지 살펴보면, 튀르키예의 오스만 제국(1299~1922년), 이란의 사파비 왕조(1501~1736년), 인도의 무굴 제국(1526~1858년) 그리고 중국의 청 왕조(1636~1912년)입니다.

오스만 제국은 훗날 튀르키예로 이어진 국가이지만, 현재 우리가 떠올리는 튀르키예의 이미지와는 전혀 달랐습니다. 오스만 제국은 동로마 제국을 멸망시키고 동유럽, 중동, 북아프리카에 이르는 광대한 지역을 지배한 대제국이었습니다. 또 사파

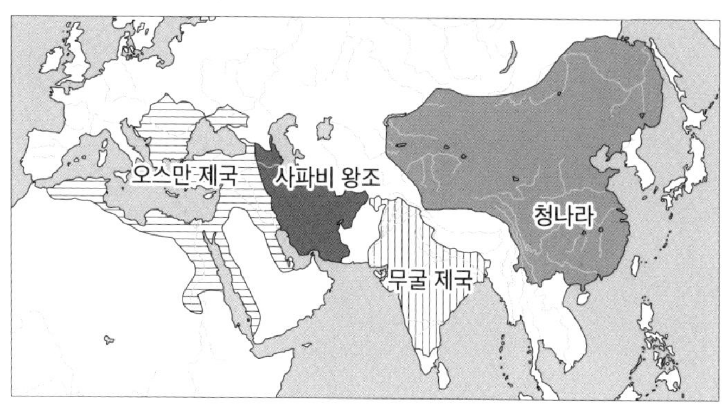


**그림 1-2. 근세 아시아의 네 대제국**

비 왕조의 수도 이스파한은 '세계의 절반'이라고 불릴 정도로 번성했습니다.

무굴 제국 역시 통일된 적 없었던 인도 아대륙(대륙에서 툭 튀어나온, 대륙보다는 작지만 섬보다는 큰 부분)을 지배했던 대국이 었는데, '무굴'이라는 이름은 사실 페르시아어로 '몽골'을 뜻합 니다. 스스로 몽골의 후예이자 그 뒤를 잇는 제국임을 내세웠 다는 점에서 몽골 제국의 위세가 근세까지도 영향을 미쳤음을 알 수 있습니다. 청은 명을 잇는 중국의 왕조로, 한족이 주체였 던 명과 달리 현재의 중국 동북부 지역을 기반으로 하는 만주 족이 한족을 지배하는 형태로 성립했습니다. 참고로 전성기였 던 1741년, 청의 인구는 약 1억 4천만 명이었고 당시 세계 인구 는 약 7억 명 정도였다고 하니 청이 얼마나 거대한 제국이었는 지 실감할 수 있습니다.

여기서 사파비 왕조, 청 왕조의 '조(朝)' 또는 '왕조(王朝)'라 는 표현은 영어 '다이너스티(dynasty)'를 번역한 것입니다. 다이 너스티는 '혈연에 의해 권력이 계승되는 정치 체제'를 의미합니 다. 그런데 어떻게 이 단어가 '조(朝)'라는 한자로 번역되었을까 요?

이는 중국과 일본에서 황제나 천황을 중심으로 하는 정부를 '조정(朝廷)'이라 불렀기 때문입니다. 고대의 황제나 천황이 이른 아침 정무를 보던 것에서 유래했다고 합니다. 물론 '사파비 다이너스티'의 군주가 정무를 보는 시간과는 아무 상관이 없지만 말입니다. 이 역시 '엠파이어'와 '제국'처럼 원어의 의미와 번역어의 어감에 차이가 생겨난 단어입니다. 덧붙이자면 '제국', '왕조', '조'를 특별히 엄밀하게 구분할 필요까지는 없습니다. 관례로 구분해서 쓸 뿐, '청 제국'이라고 불러도 틀린 말은 아닙니다.

지금까지 고대부터 근세에 이르는 역사 속에서 특히 규모가 컸던 나라들을 살펴보았습니다. 이렇게 흐름을 따라가보니 세계사는 오랫동안 유라시아 대륙을 무대로, 특히 그곳에 등장한 제국들을 중심으로 전개됐다고 할 수 있습니다.

유라시아 대륙은 동서로 길게 뻗어 있고 비슷한 기후대가 넓게 퍼져 있어, 식물의 재배화나 동물의 가축화와 같은 기술이 개발되면 옆으로 쉽게 확산되었습니다. 따라서 대륙 내의 다양한 지역이 서로 영향을 주고받으며 발전이 촉진되었습니다. 반면, 아프리카나 아메리카처럼 남북으로 긴 대륙에서는 지역에 따라 기후가 크게 달라 이런 현상이 나타나기 어렵습니다.

다만, 이때까지 세계사의 주요 무대가 유라시아 대륙이었다고 해도 주로 아시아 쪽이 중심이었으며, 로마 제국을 제외한 유럽의 존재감은 상대적으로 크지 않았습니다.

## 역전된 유럽과 아메리카의 위상

세계사에서 유럽의 존재감이 두드러지기 시작한 때는 15세기부터 17세기에 걸친, 이른바 '대항해 시대'부터일 것입니다.

그 전까지는 유라시아 대륙 중앙의 스텝(초원) 지대를 바다처럼 활용하며 사방으로 활약하던 아시아의 유목 민족이 우위였던 것에 비해, 항해 기술을 익힌 포르투갈과 스페인은 차례차례 실제 대양으로 진출하기 시작했습니다. 저는 유라시아 대륙의 최서단인 포르투갈의 호카곶에 가본 적이 있습니다. 그곳에 세워진 비석에 "여기서 땅이 끝나고 바다가 시작된다"라고 새겨진 문구를 보며 옛 항해 시대의 분위기를 깊이 느꼈습니다.

15세기 중반, 명 왕조가 외부 세계에 대한 관심을 잃고 인도양 교역에서 철수하자 그 빈틈에 포르투갈이 진출하기 시작했습니다. 포르투갈이 전국시대였던 일본에 총을 전해준 것도 연장선상으로 볼 수 있습니다(1543년).

같은 시기, 스페인은 중앙아메리카와 남아메리카 대륙에 상륙해 그 지역에 있던 여러 왕국을 정복했습니다. 이때 스페인인이 아메리카 대륙에 천연두 바이러스를 옮겨 왔고, 그로 인해 면역이 없던 원주민 인구가 약 2,000만 명에서 1,000만 명으로 급감했다고 알려져 있습니다. 유럽과 아메리카의 첫 만남도 일종의 글로벌화로 볼 수 있겠습니다만, 글로벌화는 언제나 팬데믹이라는 비극과 등을 맞대고 있었습니다.

대항해 시대 이후, 유럽인이 북아메리카로 이주하면서 현재 세계의 권력관계 속에서 중심이라고 할 수 있는 미합중국이 건국되었습니다(1776년). 그러나 미국이 강대국으로 세계사 무대에서 영향력을 행사하기 시작한 것은 19세기 이후이며, 그 전까지 미국은 여전히 세계의 변방에 지나지 않았습니다.

덧붙여, 애초에 포르투갈과 스페인이 위험을 무릅쓰고 '대항해'에 나서야만 했던 이유는 아시아와의 육상 교역 루트를 오스만 제국이 차단했기 때문입니다. 근세를 '대항해 시대'라고 부르는 것은 어디까지나 유럽 중심의 시각이며, 이는 당시의 주역이 아시아의 네 대제국이었음을 반증하는 셈입니다. 아시아와 유럽·아메리카의 위상이 역전된 것은 근대에 들어서면서부터입니다.

그보다 조금 앞선 17세기 유럽에서는 포르투갈과 스페인이 쇠퇴하고, 대신 네덜란드와 영국이 부상했습니다. 네덜란드는 곧 몰락했지만, 영국과 더불어 프랑스, 오스트리아, 프로이센(훗날 독일), 러시아와 같은 국가가 힘을 키워나갔습니다. 참고로 러시아는 몽골 제국의 일부였던 킵차크한국을 모태로 발전한, 본래 아시아 색채가 짙은 나라였습니다.

이러한 상황 속에서 17세기부터 18세기까지 영국, 미국, 프랑스에서 잇따라 '혁명'이 일어났습니다. 그 전처럼 국왕이 절대적인 권력을 행사하던 정치 체제가 무너지고, 대신 선거가 실시되어 의회가 법률을 만들게 되었으며 정부라 하더라도 반드시 따라야만 하는 규칙으로서 헌법이 제정되었습니다. 그러나 프랑스 혁명은 과격화되며 결국 국왕의 목까지 단칼에 베어버렸습니다.

왕정에서는 능력과 무관하게 왕가의 혈통이라는 이유만으로 국가의 지도자가 될 수 있었고, 국왕이 마음대로 사람들을 좌지우지하는 등 문제가 있었기 때문에 혁명을 통해 보다 합리적인 통치 체제가 성립되었다고 볼 수 있습니다.

이러한 사회의 대변혁을 '혁명'이라고 부르는 이유는 무엇일까요? '바꿀 혁' 자는 이해되지만, '목숨 명'이라는 글자는 어딘가 잘 와닿지 않습니다. 이것도 앞서 말한 '제국'과 '엠파이어', '왕조'와 '다이너스티'의 관계와 마찬가지입니다. 원래 영어의 '레볼루션(revolution)'이라는 단어를 번역하기 위해 차용된 한자가 바로 '혁명'입니다.

한자는 본래 중국어에서 온 글자입니다. 중국에서는 왕조의 교체 같은 사회적 대변혁을 '하늘의 명에 의한 것'이라고 믿었기 때문에 천명이 바뀌는 일, 즉 '혁명'이라고 불렀습니다. 그렇지만 '프렌치 레볼루션'이 중국인이 말하는 '하늘의 명령'에 따라 일어났다고 믿는 프랑스인은 아마 없을 것입니다. 더구나 프랑스 혁명 정부는 초기부터 신의 존재를 부정하는 태도를 보였습니다.

곧이어 정치적 혁명에 더해 경제적 혁명, 즉 산업혁명이 18세기 영국에서 일어났습니다. 바로 기계가 발명된 것입니다. 그 전까지 농업 중심이던 세계가 공장에서 기계를 사용해 제품을 생산하는 공업 중심의 사회로 전환되었습니다. 당연히 이러한 공업력은 곧 군사력의 우위로 이어질 수밖에 없습니다.

유럽과 미국은 정치적·경제적 혁명을 통해 전 세계 어느 국가보다 앞서서 근대화를 달성했고, 전근대적 체제에 머물러 있던 아시아와의 역학 관계를 뒤집는 데 성공했습니다. 이러한 변화는 근세와 근대의 전 세계 GDP(국내총생산·경제적 부를 측정하는 기준)의 비율을 비교한 자료에서도 확인할 수 있습니다. 영국의 경제학자 앵거스 매디슨의 통계에 따르면 1700년에는 전 세계 GDP의 약 62%를 아시아가 차지했고, 서유럽 12개국의 비중은 약 19%에 불과했습니다. 그러나 1900년에 들어서면 아시아는 약 28%까지 축소된 반면, 서유럽 12개국은 약 32%로 확대되었습니다.

## 주권이란 무엇인가
## - '슈퍼 통치 권력'의 의미

그렇다면 지금까지 살펴본 고대 제국의 흥망과 유럽의 근대화를 바탕으로, 현재 세계의 권력 구조를 이해하는 데 기본이 되는 '주권'이라는 개념을 살펴보겠습니다.

근세에서 근대에 이르기까지 유럽은 국가 간 관계에서도 새로운 개념을 발전시켰습니다. 그것이 바로 주권입니다. 이 개념은 원래 16세기 프랑스의 법학자 장 보댕이 제창한 것으로, 이후 널리 알려지게 되었습니다. 오늘날에도 "우리나라는 주권국가다" 같은 표현을 흔히 사용하고 있습니다.

**'주권'이란 '외국과 대등한 관계로 독립되어 있는 권력'**을 뜻합니다. 그러나 '주권'이라는 글자를 가만히 들여다보면 의미가 잘 와닿지 않는 것도 사실입니다. 이럴 때는 원어인 영어로 풀어보면 도움이 됩니다.

주권은 영어로 'sovereignty'입니다. 'sove'는 'super', 'reign'은 말 그대로 '통치'라는 뜻입니다('ty'는 명사를 만드는 접미사입니다). 결국 주권이란 '슈퍼 통치 권력'이라는 의미가 됩니다. 물론 이는 이해를 돕기 위한 저의 표현일 뿐이니, 시험에서는 반드시 '주권'이라고 적으시기 바랍니다.

현재 우리나라는 주권 국가입니다. 즉, '슈퍼 통치 권력'을 가지고 있습니다. 슈퍼 통치 권력에 대해서는 외부의 어느 누구도 명령할 수 없습니다. 말 그대로 '슈퍼' 통치 권력이기 때문이지요. 그러므로 우리나라는 다른 나라의 명령에 따르지 않고 스스로 정치를 행하고 있습니다. 현대 국제 사회에서는 우리뿐만 아니라 전 세계 모든 국가가 각자 슈퍼 통치 권력을 보유하고 있습니다. 바로 '머리말'에서 살펴본 '국제 사회는 무정부 상태'라는 설명과도 이어지는 내용입니다.

슈퍼 통치 권력이 서로 겹치는 상황은 있을 수 없습니다. 겹친다는 말은 어느 한쪽이 '슈퍼'가 아니라는 뜻이 되기 때문입니다. 따라서 이 권력이 미치는 범위를 분명히 하기 위해 필요한 것이 바로 국경입니다.

유럽의 국가들은 슈퍼 통치 권력, 즉 주권 개념을 바탕으로 서로가 독립된 존재이며 대등한 관계라는 사실을 인정했습니다. 그리고 대등한 국가들 사이에서 체결된 조약 등을 기반으로 국제 사회에서 준수해야만 하는 규칙인 '국제법'이 정비되었습니다. '당연한 얘기 아닌가?'라고 생각한다면, 근세 이전의 세계를 다시 떠올려보시기 바랍니다.

중국의 역대 왕조 한·당·명·청은 세계 전체를 중국 황제의 소유물로 여겼고, 주변 지역에 일본과 같은 '오랑캐'가 있더라도 중국과 대등한 독립 국가라고는 전혀 생각하지 않았습니다. 그들은 자신들이 이 세상의 '중'심이며 가장 '화'려하다고 여기는 '중화사상'을 가지고 있었습니다. 즉, 중국(중화인민공화국)의 사상이라서 중화사상이 된 것이 아니라, 중화사상을 가진 나라라서 중국이 된 것입니다. '주권'이라는 한자가 직관적으로 와닿지 않는 이유도 애초에 중국이나 일본에 존재하던 관념이 아니기 때문일 것입니다.

원래 유럽에서 생겨난 주권이라는 개념이 세계로 퍼져나간 배경에는, 근대화를 선도한 유럽과 미국이 아시아와 아프리카에 진출해 이 지역을 닥치는 대로 식민지 삼았던 역사가 있습니다. 식민지 통치는 유럽과 미국의 본국에서 이주한 주민을 통해 이루어졌습니다. 무굴 제국도 영국의 식민 지배를 받았고, 청 왕조는 여러 유럽 열강에 의해 반식민지 상태로 전락했습니다. 이 시기 유럽과 미국의 식민 지배를 당했던 아시아, 아프리카 지역에서는 주권이 인정되지 않았습니다. 식민지가 된 국가는 유럽이나 미국과의 관계에서 서로 대등한 존재가 아니었다는 의미입니다.

일본은 식민지화를 피한 거의 유일한 국가였습니다. 1868년 메이지 유신으로 근대화에 성공한 일본은 지리적으로 유럽과 가장 먼 '극동'에 위치하고 있었기 때문에 다른 국가들이 식민지화되는 동안 비교적 일찍 대응할 시간이 있었고, 간발의 차로 그 흐름에서 벗어날 수 있었습니다.

제2차 세계대전 이후, 이 식민지들은 차례로 독립해나갔습니다. 그러나 유럽에서 온 식민지 통치자가 사라졌다고 해서 과거의 아시아 제국이 부활한 것은 아니었습니다. 유럽의 식민지였던 곳들은 '인도 공화국'과 같이 유럽식 주권 국가로서 독립해나갔고, 주권 국가라는 정치적 장치가 전 지구적 질서로 자리 잡게 되었습니다. 이제 세계 어디에서도 국호에 '제국'을 쓰는 국가는 없습니다. 전 세계에서 유일하게 일본의 천황만이 영어로 '엠퍼러(황제)'라고 불리고 있긴 하지만, 지금의 일본을 제국으로 생각하는 사람은 아무도 없습니다.

## 전쟁을 인정하지 않는 현대 주권 국가 시스템

제국과는 달리, 같은 주권 국가 체제라 하더라도 근대의 시스템과 현대의 시스템에는 큰 차이가 있습니다. 가장 중요한 차이는 '전쟁을 인정하느냐, 인정하지 않느냐'입니다.

근대까지는 전쟁을 주권 국가가 이익을 추구하기 위해 행사할 수 있는 정당한 권리로 여겼습니다. 그러나 20세기, 전 세계를 휘말리게 한 두 번의 대전쟁인 제1차 세계대전과 제2차 세계대전이 일어나 막대한 피해가 발생하자, 국제 사회는 '침략 전쟁을 해서는 안 된다'라는 원칙을 공동의 규범으로 삼게 되었습니다. 두 번의 세계대전에 대해서는 제3장과 제4장에서 각각 자세히 다루겠습니다. 제2차 세계대전 이후에 평화를 목적으로 하는 국제기구인 UN이 설립되었고, UN의 약속 사항이자 국제법의 일종인 '국제연합 헌장'을 통해 침략 전쟁은 명확하게 금지되었습니다(UN의 기능은 제5장에서 다시 설명하겠습니다).

이처럼 현대에는 군사력을 사용해 주권 국가 간의 경계, 즉 국경을 일방적으로 바꾸는 행위가 국제법 위반이 됩니다. 현대 주권 국가 시스템이 힘에 따른 일방적 현상 변경을 인정하지 않는다는 점은, 근세 이전의 제국과는 완전히 다른 특징입니다. 당시에는 침략 전쟁을 금지하는 국제법과 같은 규범이 존재할 수 없었고, 제국은 항상 전쟁을 하고 있거나 언제든지 자유롭게 전쟁을 시작할 수 있는 상태였습니다. 이를테면 앞서 설명한 몽골 제국은 유목 제국이었기 때문에, 이동(정복)을 통해 지배 지역이 계속 바뀌는 것을 당연하게 여겼습니다. 제국의 건설과 통치 과정에서 대규모 살육이 반복되는 것 또한 자연스러운 일로 인식했습니다.

이론적으로는 어떤 한 제국이 세계 정복에 성공하면 전쟁이 멈출 수도 있겠지만, 실제로 전 세계를 정복하는 일은 거의 불가능하며 그 과정에서도 제국의 전쟁은 계속됩니다. 설령 단일 제국이 세계를 통일한다고 해도 전쟁은 제국의 지배에 반발하는 '내란'의 형태로 계속될 가능성이 큽니다.

이와 같이 역사 속에서 세계 권력관계는 ① **힘이 센 국가가 다른 지역을 정복하던 근세 이전의 제국**, ② **일부 국가들이 대등한 관계를 유지하되 전쟁을 인정하는 근대의 주권 국가 시스템**, ③ **모든 국가가 서로 대등한 관계이며 침략 전쟁을 인정하지 않는 현대**

**의 주권 국가 시스템**, 이렇게 세 단계로 변화해왔다고 할 수 있습니다.

그러나 침략 전쟁을 위법으로 규정하는 현대의 주권 국가 시스템도 완전하지는 않습니다. 그 불완전성은 러시아의 우크라이나 침공에서 명확히 드러납니다. 다만 러시아 역시 스스로 제국이라고 부르지는 않으며, 설득력이 있든 없든 현대의 주권 국가 시스템을 전제로 자국의 행동을 정당화하고 있습니다. 현대의 우리는 근대 이전과는 전혀 다른 세계에 살고 있다는 의미입니다. 현대 주권 국가 시스템의 불완전성에 대해서는 이 책에서도 곧 다시 살펴보겠습니다.

역사 속 세계 권력관계의 변화는 제국과 주권을 대비해보면 더욱 명확하게 이해할 수 있습니다. 근세 이후 주권 개념이 확립된 유럽에서는 세계 다른 지역과 달리 제국이 새롭게 등장하지 않았다는 사실 역시 이 차이와 깊은 관련이 있습니다.

다음 장에서는 왜 유럽에 새로운 제국이 등장하지 않았는지, 그리고 유럽이 어떻게 제국의 출현을 억제해왔는지를 살펴보겠습니다.

# 제 2 장

# 제국의 출현을 막을 방법은 무엇일까?

## - 세력 균형

# 포스에 균형을 가져올 자

조지 루카스 감독의 영화 「스타워즈」는 '포스'라 불리는 에너지체를 중심으로, 라이트 사이드의 제다이와 다크 사이드의 시스가 은하를 무대로 싸움을 펼치는 SF 서사시입니다. 주요 등장인물 중 한 명인 아나킨은 어릴 때 '포스에 균형을 가져올 자'라는 예언을 받습니다. 그러나 성장한 아나킨은 시스의 다크 로드, 다스 베이더가 되어 은하 제국군을 이끌고 제다이를 몰락 직전까지 몰아넣어 제다이와 시스 사이의 '균형'을 잠시 무너뜨립니다. 하지만 그가 최후에 선택한 어떤 행동은 결국 예언을 실현시키는 결과로 이어집니다.

「스타워즈」의 세계관(은하관?)은 포스(힘)의 균형이 유지될 때 은하의 평화가 보장되고, 반대로 그 균형이 깨지면 '은하 제국'과 같은 세력이 나타나 전쟁이 벌어진다는 설정을 바탕으로 합니다. 이러한 관점은 현실 세계의 권력관계를 이해하는 데도 상당히 유용합니다.

## '유럽 제국'은 없었다

현대 주권 국가 시스템에서는 앞서 살펴본 것처럼 힘에 의한 일방적인 현상 변경이 허용되지 않으며, 현상 유지가 기본 원칙입니다. 달리 말하면, 현대는 '제국의 출현을 허용하지 않는' 시대라고 할 수 있습니다.

제국의 출현을 허용하지 않는 세계 질서는 사실 근세에서 근대로 이어지는 시기, 유럽에서 이미 형태가 갖추어졌습니다. 근세 아시아의 네 대제국(오스만 제국, 사파비 왕조, 무굴 제국, 청 왕조) 중 일부는 20세기까지 존재했지만, 같은 시기 유럽 전 지역을 지배하는 '유럽 제국'은 끝내 등장하지 않았습니다.

물론 '유럽 제국'을 세우려던 야심 가득한 군주가 없었던 것은 아닙니다. 그 대표적인 인물이 바로 17~18세기에 걸쳐 프랑스를 통치한 국왕 루이 14세입니다(참고로 국왕이나 황제를 '~세'라고 부르는 이유는 같은 이름의 선조나 친척과 구별하기 위해서입니다). 결국엔 실패로 끝났지만, 프랑스가 '제국화'를 목표로 할 만큼 강대국이었던 이유는 다른 유럽 국가들과 비교해 인구가 많았기 때문입니다. 인구는 군대 동원(병사 소집)과 세금 징수의 기반이 되니까요.

루이 14세 치하의 프랑스는 9년 전쟁(1688~1697년)에서 신성 로마 제국(고대 로마 제국의 전통을 계승한다고는 했지만, 실제로는 독일어 사용국들이 모인 연합체에 불과했으며 훗날 오스트리아와 프로이센의 모체가 된 나라)의 공격을 받았습니다. 당시 전쟁은 주권 국가의 권리로 인정되던 시기였지만, 영국이 신성 로마 제국 편으로 참전하면서 프랑스의 유럽 지배 야망은 좌절되었습니다.

그러나 루이 14세는 포기하지 않고 스페인 계승 전쟁(1701~1714년. 왕위 계승을 둘러싼 전쟁)을 새롭게 일으켰습니다. 하지만 영국, 오스트리아, 프로이센이 연합해 프랑스에 대항하면서 프랑스의 제국화 시도는 다시 한번 좌절되었습니다. 결국 루이 14

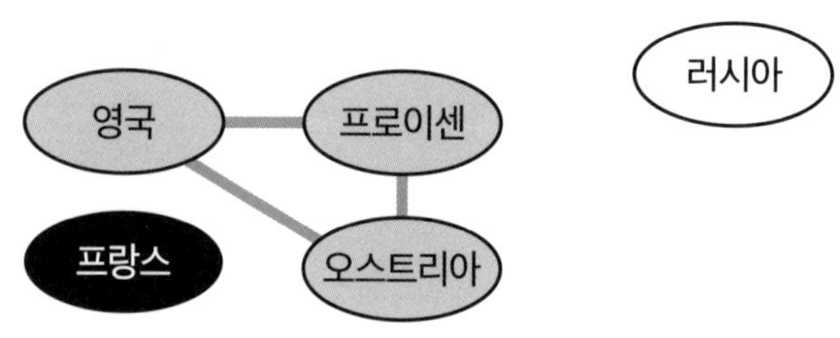


그림 2-1. 스페인 계승 전쟁(1701~1714)

세 아래에서 '유럽 제국'을 통일한다는 구상은 끝내 실현되지 못했습니다.

이는 세계 다른 지역에서 나타난 흐름과는 크게 다릅니다. 대표적으로 중국에서는 한 왕조가 생겨나기 훨씬 전, 기원전 5세기부터 기원전 221년까지 계속된 전국시대에 진·초·제·연·조·위·한이라는 7개의 국가(전국칠웅)가 존재했습니다. 오늘날 유럽이 수많은 국가로 나뉘어 있는 상황과 비슷합니다. 그중 진나라가 다른 여섯 국가를 무너뜨리고 마침내 하나의 국가로 통일을 이루었으며, 진나라의 왕 영정은 시황제의 자리에 올랐습니다. 하라 야스히사의 만화 『킹덤』은 바로 이 시기를 배경으로 그려졌습니다.

그런데 가만히 생각해보면, 중국의 전국시대를 두고 "여럿으로 분열된 국가들을 진나라가 통일했다"라는 말은, 결국 통일이 되었다는 최종 결과를 바탕으로 사후에 덧붙인 설명일 뿐입니다. 오늘날 유럽을 보며 '여럿으로 분열된 국가들이 아직도 통일되지 않은 이상한 상태'라고 말하지는 않습니다. 유럽은 중국처럼 통일되지 않았기 때문입니다. 그런 의미에서 루이 14세는, 말하자면 '실패한 시황제'라고 할 수 있습니다.

미합중국 역시 현재는 하나의 국가인 것이 너무도 당연하

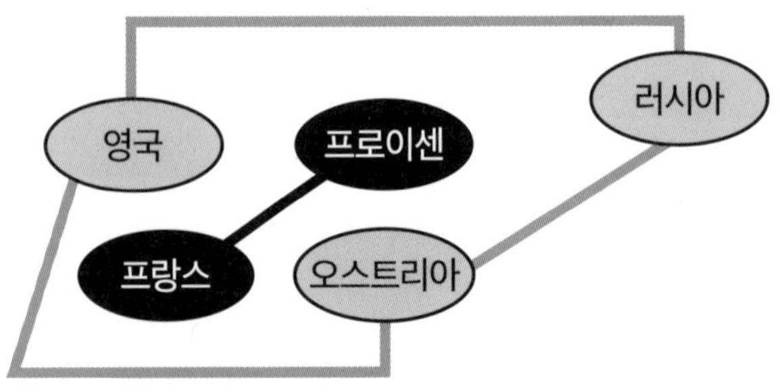


**그림 2-2. 오스트리아 계승 전쟁**(1740~1748)

게 느껴지지만, 독립 당시의 미합중국은 동부 13개 주로 한정되어 있었습니다. 그 밖의 지역으로는 영국령, 중부의 프랑스령, 남동부의 플로리다를 포함한 스페인령, 서부의 멕시코령, 원주민 거주 지역 등이 있었습니다. 동부 13개 주와 그 이외의 지역이 지금처럼 하나의 국가로 통합될 것이라고 처음부터 정해져 있지는 않았습니다. 실제로 프랑스는 북아메리카가 여러 독립국으로 나뉘어 있는 편이 더 바람직하다고 생각했습니다.

유럽으로 돌아가보면, 루이 14세가 사망한 뒤에도 오스트리아 계승 전쟁(1740~1748년), 7년 전쟁(1756~1763년)과 같은 전쟁이 이어졌지만, 중국이나 미국처럼 하나의 국가로 통일되지는 않았습니다. 오스트리아 계승 전쟁은 오스트리아와 프로이센의 대립에서 시작되었는데, 프로이센 측에는 그동안 적대적이었던 프랑스가 아군으로 가담했고, 오스트리아 측에는 영국

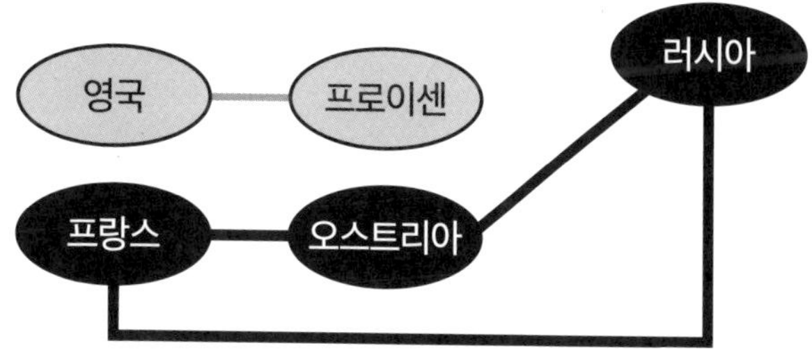



그림 2-3. 7년 전쟁(1756~1763)

과 러시아가 참여하며 균형을 이루었습니다.

이후 오스트리아와 프로이센은 7년 전쟁에서 다시 충돌합니다. 오스트리아 계승 전쟁 이후 오스트리아와 프랑스가 화해하고 손을 잡으면서, 지난 전쟁 때와는 달리 7년 전쟁에서는 프랑스가 오스트리아 편에 서게 되었고, 러시아도 이쪽 진영에 가담했습니다. 프로이센은 한때 궁지에 몰리기도 했지만, 영국이 프로이센을 지원하면서 다시 균형이 맞춰졌습니다.

## 나폴레옹 전쟁의 충격

그러나 이윽고 유럽이 다시 제국화에 한 걸음 더 가까워지는 순간이 찾아옵니다. 루이 14세의 증손자의 손자인 루이 16세 시대에 일어난 프랑스 혁명 이후의 정치적 혼란 속에서 코르시카(현재의 이탈리아) 출신의 프랑스군 장교였던 나폴레옹 보나파르트 장군이 등장한 것입니다.

국왕을 단두대에 올려 피로 물든 혁명 정권에 충격과 공포를 느낀 주변의 왕정 국가들은 '대불 대동맹'을 결성해 사방에서 프랑스를 공격했지만, 오히려 보나파르트가 이끄는 프랑스군에 차례로 격퇴당합니다. 이것이 훗날 나폴레옹 전쟁(1796~1815년)으로 불리는 일련의 전쟁입니다.

전쟁이 이어지는 가운데 보나파르트는 자신의 군사적 명성을 배경으로, 황제에 즉위해 자신을 나폴레옹이라고 칭했습니다. 그래서 지금도 평민 시절의 이름인 '보나파르트'가 아닌 황제로서의 이름으로 불리고 있습니다. 일본에 미타니 코키 각본의 「총리라고 부르지 마」라는 코미디 드라마가 있습니다. 여기에서 총리대신 역의 타무라 마사카즈가 가정부 역의 츠루타 마유에게 '나폴레옹을 보나파르트라고 부르지 않는 건, 재키 챈을 '재키'라고는 불러도 '챈'이라고는 부르지 않는 것과 같다'는 이야기를 하는 장면이 나오는데, 물론 농담 삼아 하는 이야기입니다(웃음).

나폴레옹은 오스트리아와 프로이센을 굴복시키고 현재의 이탈리아와 스페인 지역까지 프랑스의 영향력을 확대했습니다. 나폴레옹의 지휘 아래에서 프랑스가 주도하는 '유럽 제국' 수

립이 눈앞까지 다가온 듯 보였습니다.

그러나 나폴레옹은 바다에 막혀 영국을 공략하지 못하자 할 수 없이 러시아 원정으로 방향을 틀었고, 러시아의 극심한 추위를 견디지 못해 후퇴하면서부터 전세가 급격히 기울기 시작합니다. 대불 동맹군은 프랑스군을 추격하여 수도 파리에 입성했고, 붙잡힌 나폴레옹은 결국 대서양의 외딴섬으로 유배되며 생애의 마지막을 보내게 됩니다.

## 제국의 출현을 막는 세력 균형

나폴레옹 전쟁이 끝난 뒤, 오스트리아의 수도 빈에서 전쟁 당사국 대표자들이 모여 전후 유럽이 나아갈 길을 함께 논의했습니다. 1815년 빈 회의에서 합의된 나폴레옹 전쟁 후의 유럽 질서를 바로 '빈 체제'라고 부릅니다.

빈 체제의 가장 큰 목적은 '유럽에서 나폴레옹이 만들고자 했던 제국을 두 번 다시 출현시키지 않는다'라는 데 있었습니다. 앞 장에서 살펴본 여러 아시아 제국도 마찬가지였듯, 제국은 끝없는 전쟁을 반복합니다. 루이 14세의 전쟁 시대부터 7년 전쟁 직후까지를 살았던 영국 철학자 데이비드 흄은 세계 제국을 "위대한 해악"이라고 표현했습니다. 유럽인들은 나폴레옹 전쟁을 통해 그 사실을 뼈저리게 느꼈습니다.

그렇다면 유럽에서 제국의 등장을 막으려면 어떻게 해야 할까, 그래서 찾아낸 방법이 바로 '세력 균형'이었습니다. 세력 균형이라는 말이 다소 어렵게 느껴질 수 있지만, 괜찮습니다. 영어로는 '밸런스 오브 파워(balance of power)', 즉 '힘의 균형'이라는 뜻일 뿐입니다. 참고로 국제 정치에서 권력관계를 나타낼 때는 「스타워즈」와 달리 '포스(force)'가 아니라 '파워'라는 표현을 씁니다.

힘이 거의 비슷한 국가들 사이에서는 가령 전쟁이 벌어진다고 해도 어느 한쪽이 일방적으로 압승하기 어렵습니다. 그렇다면 반대로 국가들 사이에서 힘의 균형을 유지하기만 해도 제국의 출현을 막을 수 있다는 의미가 됩니다. 다시 말해 **'세력 균형'**이란 **'국가 간 힘의 균형을 유지함으로써 제국의 성립을 막는 방법'**입니다.

물론 힘이 비슷한 국가끼리라도 그중 두 나라가 손을 잡아 '동맹'을 맺으면 나머지 한 나라를 공격해 무너뜨리는 것은 가능한 이야기입니다. 하지만 이 경우에도 다른 나라가 열세에 놓인 국가 쪽을 지원해준다면 균형을 다시 회복할 수 있습니다.

실제로 루이 14세 이후의 모든 전쟁에서 세력 균형을 실천

한 국가는 영국이었습니다(48~51쪽에서 9년 전쟁부터 7년 전쟁까지의 내용을 다시 확인해보시기 바랍니다). 그 덕분에 프랑스, 영국, 오스트리아, 프로이센, 러시아 사이에서 전쟁이 벌어지더라도 나폴레옹이 등장하기 전까지는 항상 힘의 균형이 유지되었습니다. 나폴레옹이 등장한 이후에는 영국이 반프랑스 기조를 끈질기게 지속한 끝에 결국 균형이 다시 회복되었습니다.

17세기부터 18세기까지 영국이 독자적인 정책으로 실천했던 세력 균형을, 유럽 강대국들의 합의하에 명확한 시스템으로 만든 것이 바로 빈 체제의 핵심이었습니다. 다시금 힘의 균형이 무너져 제2의 나폴레옹이 등장하는 것을 막기 위한 장치였음은 말할 것도 없습니다.

나폴레옹 전쟁의 구체적인 전후 처리에 이 원칙을 적용해보면, 가장 중요한 문제는 패전국 프랑스를 어떻게 처리할 것인가였습니다. 물론 유럽을 전란에 빠뜨린 프랑스를 아예 멸망시키고 전승국들이 그 영토를 분할해 가져가는 방법도 있습니다. 사실 역사적으로 보면 대부분의 국가가 그러한 방식으로 사라졌습니다.

그러면 어떤 문제가 생길까요? 당시 나폴레옹 타도에 가장 직접적으로 공헌한 국가는 러시아였습니다. 그렇다면 러시아가 가장 넓은 영토를 요구할 것이 뻔합니다. 하지만 러시아의 요구를 들어주면 이번에는 러시아의 힘이 지나치게 강해지겠지요. 즉, 프랑스를 멸망시킨 결과가 오히려 러시아를 강대국으로 만들 뿐이라면 세력 균형의 취지가 물거품이 되는 셈입니다.

또한 17세기 이후 유럽의 세력 균형은 영국·프랑스·오스트리아·프로이센·러시아라는 다섯 나라가 존재했기에 성립했습니다. 이 체제 속에서 프랑스가 사라지면 동맹 재편성을 통해 힘의 균형을 조정하는 방식 자체가 더 이상 작동하지 않을 수 있습니다. 동시대 독일의 역사가 레오폴트 폰 랑케는 유럽의 세력 균형 체제 속 다섯 강대국을 5중주단에 비유하며, 그중 제1 바이올린 연주자(프랑스)가 죽으면 콘서트(음악회)는 열리지 않는다고 말했습니다.

이러한 이유로 전승국들은 굳이 프랑스를 없애기보다, 나폴레옹 전쟁 이전 수준으로 국력을 낮춘 뒤 다시 유럽 강대국 클럽의 일원으로 받아들이기로 했습니다. 빈 회의를 주재한 오스트리아 외무대신 클레멘스 메테르니히는 프랑스와의 강화에 앞서 "프랑스를 향한 복수보다도 유럽 강대국 간의 정치적 균형을 우선해야 한다"라고 주장했고 다른 국가에서도 이를 받아들였습니다.

**클레멘스 메테르니히 (1773~1859)**
오스트리아의 외무대신으로, 빈 회의에서 의장을 맡았다.

또한 빈 회의에서는 전쟁으로 쑥대밭이 된 유럽의 국경선을 새롭게 정리하면서, 전승국 중 어느 한 나라가 지나치게 강해지지 않도록 주의하며 영토를 분배했습니다.

## 유럽의 '음악회'

근세·근대의 유럽은 세력 균형을 통해 힘에 의한 일방적 현상 변경을 막고 현상 유지를 도모하고자 했습니다. 그리고 빈 체제 아래에서 유럽의 평화는 약 100년간 지속되었습니다. 이를 '콘서트 오브 유럽', 즉 '유럽 협조'라고도 부릅니다. 영어

'콘서트(concert)'에는 '음악회'라는 뜻과 함께 '협조'라는 의미도 있습니다. 연주자끼리 협조하지 않으면 음악회가 성립될 수 없다는 뜻에서, 이는 앞서 언급한 랑케의 비유와도 일맥상통합니다.

그러나 세력 균형은 말처럼 쉽게 형성되는 체제가 아닙니다. 강한 쪽에서 균형을 무너뜨리려는 움직임이 생기기 때문입니다. 중국 전국시대의 전국칠웅 사이에서 세력 균형은 성립되지 않았습니다. 19세기 북아메리카에서도 프랑스가 바랐던 여러 국가에 의한 세력 균형은 실현되지 못했습니다.

일본 전국시대를 봐도 마찬가지입니다. 오다 노부나가가 두각을 나타내자 다케다 신겐, 아자이 나가마사, 아사쿠라 요시카게 등의 전국 다이묘가 오다 노부나가 포위망을 구축하려 했습니다. 만약 이 시도가 성공했다면 세력 균형이 이루어졌겠지만, 결과적으로는 실패했습니다. 또한 노부나가에 이어 아즈치 모모야마 시대에 전국을 통일한 도요토미 히데요시는 자신의 사후에 도쿠가와 이에야스와 마에다 도시이에 등 '고다이로'라 불린 중신 다이묘 다섯 명의 힘을 서로 견제시키는 방식으로 도요토미 정권의 존속을 꾀하려고 했습니다. 그러나 실제로는 도요토미 히데요시 사후, 다섯 명의 고다이로 가운데 도쿠가와

이에야스의 세력이 강해져 나머지 네 명이 결속해도 대항할 수 없었습니다.

애초에 세계 역사는 오랫동안 제국을 주인공으로 하는 이야기였습니다. 그러므로 근세·근대 유럽에서 최초로는 프랑스의 야망에 대응한 영국의 정책 결과로서, 이후에는 빈 체제라는 제도적 장치로서 세력 균형이 성립한 것은 역사적으로도 충분히 대서특필할 만한 사건이라 할 수 있습니다.

유럽에만 해당하는 이야기가 아니라 제국은 보편성을 지닌 존재입니다. 여기서 보편성이란 제국 내부 어디를 가도 하나의 가치관이 널리 적용된다는 의미입니다. 예를 들어 제국과는 약간 다르지만, 기독교의 가톨릭교회는 종교적 보편성을 지키기 위해 이단자를 색출해 화형에 처하고 박멸해야 한다고 여겼습니다.

반면 세력 균형을 통해 복수의 국가가 공존하게 되면 그 지역에는 나라마다 다양한 가치관이 존재하게 됩니다. 근대 유럽인은 제국에 의한 보편성이 아니라 세력 균형에 의한 다양성을 선택했다고도 볼 수 있습니다. 그리고 그 다양성이 서로에게 자극을 주어 유럽의 발전으로도 이어졌다고 해석할 수 있습니다.

# 아시아와 아프리카에 드러낸
# 제국의 얼굴

　세력 균형에도 문제는 존재했습니다. 빈 체제가 세력 균형을 통해 이루고자 한 현상 유지란, 어디까지나 유럽 강대국 사이에서만 유효한 원칙이었습니다. 그 결과 강대국 간의 균형을 맞추기 위해서 같은 유럽 국가라 하더라도 약소국이라면 그 영토를 강대국이 가져가는 것조차도 용인되었습니다(1815년 러시아의 폴란드 지배가 대표적 사례). 그뿐만 아니라 유럽 강대국들은 앞서 설명했듯이 아시아와 아프리카로 진출해 식민지 전쟁을 일으켰습니다. 스스로는 주권 국가라고 하면서 유럽 이외의 지역에서는 '제국'의 얼굴을 드러낸 셈입니다.

　더 심각한 문제는 세력 균형의 내부에 숨어 있었습니다. 세력 균형에 기반한 국가 간 힘의 균형은 영구불변한 것이 아니라, 시간이 흐르며 변하는 것이 자연스러운 구조였습니다. 일본의 예를 들면, 일본은 1968년 이후 오랫동안 GDP 기준으로 미국의 뒤를 잇는 세계 2위의 경제 대국이었지만, 2010년에는 중국에게, 2023년에는 독일에게 추월당해 4위로 떨어졌습니다.

　빈 회의 당시에는 균형을 이루고 있던 영국·프랑스·오스트리아·프로이센·러시아의 국력 역시 100년의 세월에 걸쳐 변화했고 5중주단의 연주에는 점차 불협화음이 생겼습니다. 이는 바로 다음 장에서 살펴볼 제1차 세계대전이라는 대참사로 이어지게 됩니다.

# 제 3 장

# 세계대전은 왜 일어났을까? ①

## - 취약성에 의한 전쟁

# 요인 암살이
# 세계대전으로 번진 미스터리

최초의 세계대전인 제1차 세계대전은 여러모로 미스터리한 전쟁입니다.

교과서에서는 1차 대전의 원인을 1914년에 발생한 오스트리아 황태자(황제의 후계자) 부부 암살 사건이라고 설명합니다. 역사상 이런 암살 사건은 셀 수 없이 많았는데, 왜 하필 이 시점에서는 단 한 발의 총성으로 나폴레옹 전쟁 이후 약 100년 동안 유지되던 유럽의 평화가 깨져버렸을까요?

# 독일 건국이 무너뜨린 힘의 균형

앞에서 설명했던 대로, 나폴레옹 전쟁 이후 유럽은 이른바 '빈 체제'라는 세력 균형을 통해 제국의 출현을 막아왔습니다. 빈 체제를 유지하는 데 가장 중요한 것은 영국, 프랑스, 프로이센, 오스트리아, 러시아라는 다섯 강대국 간 힘의 균형이었습니다.

그러나 100년의 세월이 흐르면서 이 균형에도 변화가 찾아왔습니다. 가장 큰 이유는 다섯 강대국 중 하나였던 프로이센이 주변의 독일어 사용 국가들을 통합해 1871년 통일 국가인 '독일'을 세운 데 있었습니다. 우리가 아는 독일이라는 나라는 바로 이때 생겨났습니다.

그 이전의 중앙유럽에는 프로이센 이외에도 작센, 바이에른 등 독일어를 사용하는 작은 나라들이 무수히 존재했습니다. 독일은 독일어로 '도이칠란트(Deutschland)'라고 합니다. 도이치는 '독일어', 란트는 '나라(영어의 '랜드')'를 의미하므로 도이칠란트는 '독일어를 쓰는 국가'라는 뜻이 됩니다. 처음부터 독일이라는 하나의 나라가 있어서 독일어를 사용하게 된 것이 아니라, 독일어를 쓰는 여러 국가가 먼저 있었고 그들이 통합되며 나중에 도이칠란트가 되었습니다. 저도 대학 시절 독일어 강의에서 이 이야기를 처음 듣고 꽤 놀랐던 기억이 있습니다.

독일이라는 하나의 나라로 통합되기 전, 중앙 유럽의 독일어 사용국들은 17~18세기에 걸친 모든 전쟁에서 주요 전장이 되었기 때문에 주변 강대국의 약탈 무대에서 벗어나려는 움직임이 자연스럽게 나타났습니다. 이때 독일어 사용국 중 가장 강력한 세력이었던 프로이센에서는 오토 폰 비스마르크라는 수상이 등장합니다. 비스마르크는 오스트리아·프랑스와 비교적 단기간 치른 전쟁에서 두 나라를 제압하고, 프로이센의 주도로 독일어 사용국을 통일하는 데 성공했습니다. 다만, 오스트리아 역시 독일어권 국가였지만 독일로 통합되지는 않았습니다. 한편, 이 무렵 영국의 총리였던 벤저민 디즈레일리는 유럽에 새로운 강대국 독일이 건국되는 것을 두고 "힘의 균형은 완전히 파괴되었다"라며 경계했다고 합니다.

독일이 건국되기 10년 전인 1861년에는 유럽 대륙과 맞닿은 이탈리아반도 북서부와 지중해의 섬들을 영유하던 사르데나 왕국을 중심으로 이탈리아가 통일되어 강대국 대열에 합류했습니다. 일본의 메이지 유신도 이 무렵인 1868년에 일어났습니다. 일본의 초대 총리대신인 이토 히로부미는 비스마르크를 존경했다고 알려져 있습니다. 이후 1940년, '독일·이탈리아·일본'의 삼국동맹을 맺고 제2차 세계대전에서 추축국으로서 미국과 영국 등의 연합국과 싸우게 되는 이들 세 나라는 모두 19세기 후반에 등장한 '늦깎이 강대국'이었습니다.

다시 독일 건국 이야기로 돌아가겠습니다. 본래 독일 건국은 디즈레일리가 경계했듯, 유럽에서 힘의 균형을 무너뜨리고 대전쟁의 불씨가 될 수 있는 사건이었습니다. 독일이 점차 '제국화'될 가능성도 있었고(국호가 처음부터 '독일 제국'은 아니었습니다), 나폴레옹 전쟁 당시 대불 대동맹이 결성되었던 것처럼 대'독' 대동맹이 형성되어도 전혀 이상하지 않은 상황이었습니다.

그러나 비스마르크의 뛰어난 외교 수완 덕분에 독일 건국으로 세력 균형이 흔들리는 상황 속에서 한동안 평화가 유지되었습니다. 비스마르크의 독일은 오스트리아, 이탈리아 그리고 러시아와 동맹을 맺고 영국과도 우호 관계를 유지했습니다. 그는 오히려 독일의 라이벌인 프랑스가 유럽 강대국 사이에서 고립되도록 만들었고, 독일은 더 이상의 과도한 팽창을 피하고 자제하는 전략을 취했습니다.

이러한 비스마르크의 외교 덕분에, 독일 건국이 초래한 세력 균형의 동요와 평화 유지라는 두 요소가 초반에는 공존할 수 있었습니다.

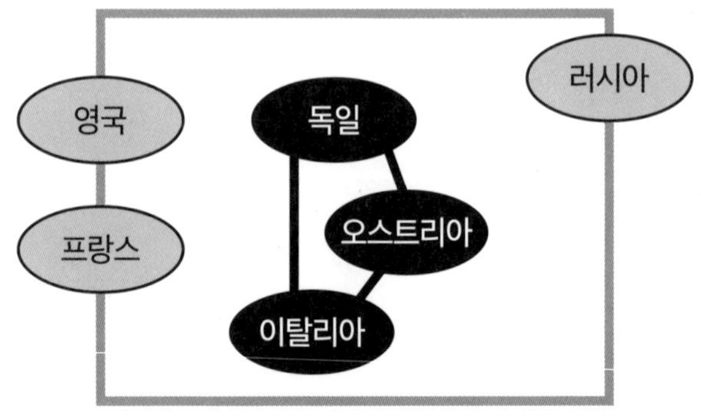


그림 3-1. 삼국동맹과 삼국협상

하지만 이런 형태의 평화는 비스마르크라는 걸출한 외교관이 존재했기에 비로소 유지될 수 있었습니다. 실제로 1890년 비스마르크가 은퇴하자 유럽의 국제 관계는 순식간에 요동치기 시작했습니다. 독일은 비스마르크 시대의 자제심을 버리고 군비 확장과 식민지 획득에 나섰으며, 경제력도 영국을 추월하게 되었습니다.

그러자 1894년, 프랑스와 러시아가 곧바로 손을 잡았습니다. 프랑스와 러시아가 제휴하자 독일은 동쪽과 서쪽의 적대국 사이에서 동시에 공격받는 모양새가 되었습니다. 이는 비스마르크가 무엇보다도 피하고자 했던 상황이었습니다.

이어서 1904년에는 프랑스와 영국이, 1907년에는 영국과 러시아도 협력 관계를 구축해 결국 '삼국협상'이 성립합니다.

'협상'이란 동맹보다는 한 단계 낮은 협조 관계를 말하며, 여기서 '상'은 장사의 의미가 아니라 '상의하다'라는 의미입니다. 이로써 사실상 독일을 둘러싼 포위망이 완성된 셈이었습니다.

한편, 독일 역시 1882년 이후 오스트리아·이탈리아와의 '삼국동맹'으로 견고한 관계를 유지하고 있었습니다.

## 서로의 안전을 위협하는 '안전 보장의 딜레마'

제1차 세계대전 직전의 유럽이 어떤 긴장 상태에 놓여 있었는지 확인하기 위해, 당시 독일과 적대 관계였던 프랑스·러시아 연합의 병력 변화를 먼저 살펴보겠습니다.

| 연도 | 독일 | 프랑스·러시아 연합 |
|---|---|---|
| 1890 | 50만 | 60만·84만 |
| 1895 | 60만 | |
| 1900 | | 62만·114만 |
| 1905 | 65만 | |
| 1910 | | 65만·138만 |
| 1914 | 86만 | 79만·132만 |

**표 3-1. 독일군과 프랑스·러시아 연합군의 병력 변천**

출처: Correlates of War, National Material Capabilities(v6.0)를 기초로 저자가 작성함.

1890년 독일군 병력은 50만 명이었고 프랑스·러시아 연합군의 총병력은 144만 명이었습니다. 그러나 1914년이 되면 독일군은 86만 명으로 늘고, 프랑스·러시아 연합군도 211만 명까지 증가했습니다. 대적하는 양 진영 사이에서 군비 확장 경쟁이 벌어졌기 때문입니다.

이 군비 경쟁이 양측의 긴장감을 고조시키며 제1차 세계대전으로 이어졌다는 사실은 부정할 수 없습니다. 군비 확장 경쟁은 필연적으로 상호 불신을 낳습니다. 상대는 분명 나를 공격하려고 군비를 확장하고 있다는 의심이 커지고, 앞으로 더 강해질 상대를 기다리느니 먼저 공격하는 편이 낫겠다는 선제 공격의 유혹에 빠지기도 쉽습니다.

누군가는 '그냥 군비 경쟁을 안 하면 되는 것 아닌가? 왜 이렇게 어리석은 짓을 하는 거지?'라고 생각할지도 모릅니다. 하지만 이를 단순히 어리석은 행동이라 단정할 수는 없습니다. 당시 상황에서는 세 나라가 각각의 병력을 20만으로 제한해 늘리지 말자고 합의하는, 이른바 군비 관리가 성립하기 어려웠기 때문입니다. 그렇다면 왜 군비 관리가 어려웠을까요?

우선 독일의 입장에서 생각해봅시다. 독일은 지리적으로 프랑스와 러시아 사이에 끼어 있습니다. 게다가 당시 프랑스와 러시아는 독일을 적으로 보는 협상 관계를 맺고 있었습니다. 이렇게 되면 독일은 프랑스군 20만 명과 러시아군 20만 명이 동시에 동쪽과 서쪽에서 공격해 오는 최악의 사태를 상정하지 않을 수 없습니다. 즉, 프랑스와 러시아를 각각 상대하는 양면 전쟁을 대비해야 하는 것입니다. 그러면 독일 군부는 독일의 20만 병력으로 역부족이라는 판단을 내리게 됩니다. 프랑스와 러시아가 20만 명씩이라면, 독일은 최소 40만 명이 있어야 겨우 안심할 수 있겠다고 여깁니다.

그런데 프랑스에서 바라보면 상황은 전혀 다르게 보입니다. 독일이 말하는 '프랑스·러시아의 양면 동시 공격'은 어디까지나 독일 측의 가정일 뿐입니다. 프랑스가 상정해야 할 최악의 사태란 자국은 20만 명의 병력만 보유한 상태에서 그 두 배인 독일군 40만 명과 싸워야 하는데, 설상가상으로 러시아가 지원하지 않는 상황입니다. 이런 최악의 사태를 대비하려면 프랑스로서도 40만 명의 병력이 필요해집니다.

러시아 역시 마찬가지입니다. 20만 명의 병력만 갖고 독일군 40만 명과 싸워야 하는 상황을 대비하려면, 프랑스와 마찬가지로 러시아도 40만 명의 병력을 확보해야 안전하다고 판단하게 됩니다.

그러면 이번에는 다시 독일이 초조해집니다. 어렵사리 병력을 40만 명까지 늘려 안심하던 참인데, 이제 보니 프랑스와 러시아가 총 80만 명의 병력을 갖춘 것입니다. 이렇게 되면 독일도 양면 공격에 대비하기 위해 군대를 80만 명으로 늘려야 한다는 결론에 이릅니다. 그러면 또다시 프랑스와 러시아가 독일에 대응하기 위해 각각 80만 명까지 군비를 확장해야만 하고……. 세 나라는 어느샌가 군비 경쟁의 소용돌이(연속적으로 같은 방향으로 나아감)에 빠져들게 됩니다.

"지옥에 이르는 길은 선의로 포장되어 있다."

'머리말'에서 소개했던 존슨의 말이 떠오릅니다. '죄수의 딜레마' 이야기로 설명했듯 각 부분에서 합리적인 선택을 한 결과가 전체로 보면 오히려 불합리한 결과를 초래하는, 이른바 집단행동 문제가 나타나는 것입니다.

지금 벌어지고 있는 군비 경쟁의 소용돌이는 집단행동 문제의 일종으로, 이를 **'안전 보장의 딜레마'**라고 부릅니다. **'자국의 안전을 지키기 위해 합리적으로 선택한 조치가 상대국 역시 안전을 위해 합리적인 대항 조치를 하게 만들어, 결과적으로 서로의 안전을 위협하는 상황'**을 가리킵니다. 서로를 믿고 아무것도 하지 않을 것인가, 아니면 자국만 손해 볼 수는 없으니 군비를 늘릴 것인가, 하는 딜레마 속에서 각국은 결국 군비 확장을 선택했고, 그 결과 모두의 안전이 위협받는 역설이 발생합니다.

더구나 국제 사회는 무정부 상태입니다. 제1차 세계대전 직전 유럽은 이러한 조건 속에서 적대 진영 간 '안전 보장의 딜레마'가 발생해 긴장이 고조되었다고 볼 수 있습니다.

## 주변 강대국을 차례로 끌어들인 제1차 세계대전

긴장이 감도는 1914년 6월 28일, 발칸반도에 있는 오스트리아령 보스니아 남부의 사라예보(현재 보스니아헤르체고비나의 수도)에서 운명의 총성이 울려 퍼졌습니다. 총격으로 사망한 사람은 현지를 방문 중이던 오스트리아 황태자 부부였고, 범인은 세르비아인이었습니다.

이 암살 사건의 배경에는 오스만 제국의 쇠퇴 이후 발칸반도에 대한 지배를 강화하려는 오스트리아와, 이에 반발하는 현지 세르비아인 세력 간의 갈등이 자리하고 있었습니다. 그리고 세르비아의 배후에는 러시아가 숨어 있었습니다. 러시아는 역사적으로 몽골 제국에 뿌리를 두고 있지만, 스스로는 동로마 제국의 후예임을 자처하며 발칸반도에 손을 뻗어 세르비아의 후견국 역할을 했고 이 때문에 오스트리아와는 라이벌 관계에 있었습니다.

오스트리아 황태자 부부 암살을 계기로 오스트리아와 세르비아의 관계가 걷잡을 수 없이 악화되자, 7월 28일 오스트리아는 세르비아에 전쟁을 선포했습니다. 그러나 분쟁은 당사국인 오스트리아와 세르비아만의 문제가 아니었습니다.

7월 29일, 세르비아의 형님 국가인 러시아가 오스트리아에 대항해 동원령을 내렸습니다. 동원이란 군대를 소집해 전쟁 준비 태세에 들어가는 조치이므로, 이는 사실상 오스트리아와의 전쟁을 각오했다는 의미였습니다. 그러자 8월 1일, 오스트리아와 삼국동맹 관계에 있던 독일이 러시아에 선전포고하며 사태는 순식간에 강대국 간의 전쟁으로 확대되었습니다. 8월 3일부터 4일 사이, 이번에는 러시아와 삼국협상을 맺고 있던 프랑스와 영국도 독일과 전쟁 상태에 들어가게 되었습니다.

오스트리아와 세르비아 사이의 분쟁은 불과 일주일 남짓한 시간 동안 주변 강대국을 끌어들이며, 나폴레옹 전쟁 이후 처음 벌어진 대규모 전쟁인 제1차 세계대전으로 발전하게 됩니다. 1차 대전의 교전국 가운데 독일·오스트리아 측은 '중앙 동맹국', 삼국협상 측은 '연합국'이라고 부릅니다. 이탈리아는 원래 삼국동맹의 일원이었으나, 이를 배신하고 연합국 편에 섰습니다. 일본도 1902년 영국과 체결한 영일동맹을 근거로 연합국 측에 참전했는데, 아시아에 있던 독일의 식민지를 차지할 목적이었습니다.

정작 주전장이었던 유럽에서는 개전 후 머지않아 독일의 동서, 즉 동부전선과 서부전선에서 양 진영 모두 군의 움직임이 멈추며 교착 상태에 빠졌습니다. 한창 전쟁이 진행되던 1917년, 러시아 혁명이라는 대사건이 일어나 제정 러시아가 붕괴하고 세계 최초의 공산주의 국가인 소비에트 연방(소련)이 탄생했습니다.

공산주의 국가는 빈부 격차를 없앤다는 명목으로 자유로운 경제 활동을 인정하지 않았기 때문에 미국과 같은 자유주의 국가들과 대립 관계에 있었습니다. 이 두 진영의 대립은 제2차 세계대전 이후 '냉전'으로 이어졌는데, 관련된 내용은 제5장에서 다시 설명하겠습니다.

이야기로 다시 돌아가면, 혁명 이후 러시아는 독일과 단독으로 강화 조약을 맺고 전선에서 이탈했습니다. 그러면 이제 독일이 유리해지겠다고 생각할 수 있지만, 그때까지 중립을 지키던 미국이 같은 해 독일을 향해 선전포고하면서 전세는 연합국 쪽으로 기울었습니다. 영국으로 물자를 옮기던 미국 상선이 독일 해군의 잠수함 공격으로 잇따라 격침되었기 때문입니다.

1918년에 접어들며 패색이 짙어진 독일은 미국을 통해 타협적 휴전을 시도했지만, 그사이 오스트리아가 연합국 측에 항복했고 독일 국내에서도 전쟁 지휘에 대한 불만이 폭발해 혁명이 일어나며 제정이 무너지는 등 사태는 단기간에 급변했습니다. 새로운 독일 정부는 연합국 측이 요구한 손해 배상과 독일군의 무장 해제 등 거의 일방적인 조건을 받아들이며 휴전에 합의했습니다. 퇴위한 독일 황제는 국외로 도피했습니다.

참고로 황제를 독일어로 '카이저', 러시아어로 '차르'라고 부르는데, 두 단어 모두 기원전 1세기 고대 로마의 권력자였던 율리우스 카이사르의 '카이사르'에서 유래한 말입니다. 유럽인들은 로마 제국을 특별하게 여겼고, 서로마 제국이 멸망한 후에도 동로마 제국과 신성 로마 제국이라는 이름을 통해 지속적으로 계승하려 했습니다. 제1차 세계대전으로 카이저와 차르가 모두 사라지면서, 명실공히 로마 제국의 영광도 마침내 막을 내렸다고 할 수 있습니다.

제1차 세계대전은 연합국 측에서 약 500만 명, 중앙 동맹국 측에서 약 300만 명의 사망자를 낳은 대규모 참극이었습니다. 1919년 연합국과 독일 사이에 베르사유 강화 조약이 체결되었지만, 이 조약은 1918년 합의된 휴전 조건을 그대로 반영한 탓에 독일에는 가혹한 내용이었습니다. 베르사유 강화 조약에 대한 독일의 분노가 훗날 두 번째 세계대전으로 이어지게 되는데, 이는 제4장에서 상세히 살펴보겠습니다. 또한 오스트리아는 제1차 세계대전 패전으로 지배하에 있던 여러 민족이 독립하면서 강대국의 지위를 잃었습니다.

## 시간에 쫓긴 슐리펜 계획

지금까지 살펴본 것처럼 제1차 세계대전은 본래 오스트리아와 세르비아 사이의 분쟁에서 시작되었습니다. 그렇다면 이 갈등은 왜 불과 일주일 만에 독일과 삼국협상 같은 주변 강대국까지 끌어들인 대전쟁으로 확대된 것일까요? 여기서 핵심 키워드는 바로 '취약성'입니다. 취약성이란 무르고 약한 성질을 의미합니다.

오스트리아와 세르비아 사이에는 사라예보에서 벌어진 오스트리아 황태자 부부 암살 사건이라는 명확한 전쟁의 원인이 있었습니다. 그러나 러시아와 오스트리아, 또는 독일과 러시아 사이에서는 어떨까요? 이 국가들은 굳이 이 시점에 전쟁을 해야만 하는 필연적 이유가 없었습니다. 사실 오스트리아가 세르비아에 선전포고했을 때 러시아가 동원령을 내린 것도, 적극적으로 세르비아 편에 가담해 전쟁을 확대하고자 의도한 행동은 아니었습니다.

러시아는 "지금 오스트리아로부터 세르비아를 지키지 못하면, 발칸반도의 친러시아 국가들에 좋은 본보기가 되지 못하고 이 지역에서의 주도권을 오스트리아에 빼앗길 수 있다"라고 우려했습니다. 이 우려가 바로 러시아의 약점, 즉 취약성입니다. 러시아는 동원령을 통해 "세르비아를 공격하면 러시아는 가만히 있지 않겠다"라는 경고를 보내, 오스트리아의 세르비아 공격을 단념시키려고 했습니다.

그런데 러시아가 동원 명령을 내리자, 여기에 독일이 즉각 반응했습니다. 독일의 과민 반응은 당시 독일이 세웠던 전쟁 계획과 깊은 관련이 있습니다. 바로 '슐리펜 계획'이라고 불리는 전쟁 계획으로, 이 계획을 세운 독일군 참모총장 알프레트 폰 슐리펜 장군의 이름에서 유래했습니다.

'안전 보장의 딜레마'에서도 설명했듯이, 독일은 지리적으로 프랑스와 러시아 사이에 끼어 있습니다. 이 때문에 독일은 프랑스와 러시아를 동시에 상대하는 양면 전쟁에 휘말릴 위험

**그림 3-2. 슐리펜 계획**

이 있었습니다. 바로 독일이라는 국가가 안고 있던 첫 번째 취약성입니다. 슐리펜 계획은 이처럼 독일이 지닌 취약성을 극복하기 위해 제안된 작전이었습니다. 그렇다면 지리적으로 프랑스와 러시아 사이에 끼어 있는 독일의 취약성은 어떻게 극복할 수 있을까요?

슐리펜 장군은 전투가 시작되자마자 전력으로 프랑스를 먼저 공격하는 방법을 제안합니다. 그렇다면 그사이에 러시아는 어떻게 할까요? 그는 우선 '그냥 가만히 둬도 괜찮다'라고 판단했습니다. 러시아는 국토가 너무 넓어서 병력 동원에 시간이 오래 걸릴 것이 분명했기 때문입니다.

즉, 러시아가 동원으로 허둥대는 사이 독일군이 총력을 기울여 프랑스를 무찌릅니다. 서쪽(프랑스)에서부터 위협을 제거한 뒤, 그 시점에는 이미 동원을 완료했을 러시아군을 향해 모든 병력을 다시 동쪽으로 돌려 싸우겠다는 작전이었습니다. 듣기만 해도 눈이 빙빙 돌 정도로 복잡합니다.

독일은 실제로 이 복잡한 작전을 가능하게 할 인프라(생활기반)를 이미 구축해두고 있었습니다. 바로 독일 전역에 깔린 철도망이었습니다. 그래서 독일은 지리적으로 양면 전쟁이라는 운명에 처한 자국의 취약성에도 불구하고 프랑스와 러시아를 각개 격파하여 승리할 수 있으리라고 생각했습니다. 계획대로 된다면 매우 훌륭한 작전이지요!

그러나 사실 슐리펜 계획에는 치명적인 결점이 있었습니다. 슐리펜 계획의 핵심은 '러시아가 군사 동원으로 허둥대는 사이에 프랑스를 공격하는 것'이었습니다. 다시 말해, 프랑스 제압에 차질이라도 생기면 그사이 러시아가 병력 동원을 완료하고, 결국 독일은 동시에 양쪽에서 전면전을 벌여야 하는 최악의 상황에 빠지게 됩니다.

따라서 독일로서는 무엇보다도 '속도'가 중요했습니다. 독일군은 열차를 최대한 빠르게 운용해 1분 1초라도 더 빨리 프랑스를 제압해야만 했습니다. 꾸물거리다간 러시아의 군대 동원이 완료됩니다. 보시다시피 슐리펜 계획은 시간에 쫓기는 전쟁 계획이었습니다.

이 점을 염두에 두고 다시 1914년 7월 29일로 되돌아가봅시다. 이날 러시아는 오스트리아가 세르비아를 공격하지 못하도록 압박하기 위해 동원령을 내렸습니다. 그런데 슐리펜 계획처럼 시간에 쫓기는 전쟁 계획을 세워둔 독일이 이런 상황을 남의 일처럼 여유롭게 지켜보고 있었을 리가 없습니다.

"러시아가 동원령을 내렸다고 합니다."

"아, 큰일이군. 서둘러서 시작해야 해."

무엇을? 바로 프랑스 공격을 말입니다.

## 약점에서 시작되는 선제공격
## - '취약성에 의한 전쟁'

8월 3일, 독일은 프랑스에 선전포고했습니다. 당시 독일과 프랑스의 관계 자체에서 전쟁을 해야만 하는 명확한 이유가 있었던 것은 아닙니다. 그러나 독일은 슐리펜 계획을 가동한 이상 프랑스를 공격하지 않을 수 없었습니다. 그렇지 않으면 독일이 프랑스와 러시아 사이에 끼여 양쪽으로 공격받기 때문입니다.

한편, 프랑스도 독일을 공격해야 합니다. 만약 러시아가 독일에 패한다면, 이후 유럽 대륙에서는 프랑스 혼자서 독일과 맞서야만 할 가능성이 생기기 때문입니다. 이것이 프랑스의 취약성입니다. 독일과 러시아가 전쟁을 시작한다면, 프랑스로서는 러시아가 무너지기 전에 참전해야만 했습니다. 이 상황은 러시아도 마찬가지였습니다.

하지만 독일의 예상 밖이었던 부분은 그다음 날인 8월 4일, 영국이 독일에 선전포고했다는 점이었습니다. 물론 영국은 러시아·프랑스와 삼국협상을 맺고 있었지만, 그렇다고 이 시점에서 독일을 상대로 싸울 명분이 있었던 것은 아닙니다. 그런데도 왜 영국은 참전을 선택했을까요?

영국의 입장에서 생각해봅시다. 만약 영국이 사태를 방관한다면, 슐리펜 계획이 성공해 독일이 프랑스와 러시아를 각개격파할 수도 있습니다(슐리펜 계획은 이미 공표되어 있었습니다). 그렇게 되면 영국은 유럽 대륙을 제패한 강대국 독일과 단독으로 상대해야만 하는 상황에 놓입니다. 그때 가서는 이미 늦어버린 셈이지요. 영국도 프랑스와 러시아가 안고 있던 것과 같은 종류의 취약성을 안고 있었습니다.

실제로 슐리펜 계획은 실패로 끝났습니다. 독일이 프랑스를 제압하기도 전, 러시아는 독일의 예상보다 훨씬 빠른 약 2주만에 병력 동원을 완료했기 때문입니다. 그 결과 제1차 세계대전은 앞서 언급한 것처럼 동부전선과 서부전선 모두에서 양측이 움직이지 못하는 교착 상태로 빠져들었습니다.

여기까지 설명한 내용을 정리해봅시다. 제1차 세계대전에서 근본적으로 싸울 이유가 있었던 당사국은 오스트리아와 세르비아뿐이었습니다. 그 외의 주변 강대국은 적극적으로 전쟁을 원해서 개입한 것이 아니었습니다. 즉, **내가 먼저 공격하지 않으면 나의 약점을 공격당할 수 있다는 공포로 인해 전쟁에 참여할 수밖에 없었던 상황**이었습니다. 이것이 오스트리아 황태자 부부 암살과 같은 단순한 이유만 탓할 수 없는 제1차 세계대전의 진짜 원인이었습니다.

캐나다의 국제정치학자 재니스 스타인은 이렇게 시작된 전쟁을 **'취약성에 의한 전쟁'**이라고 불렀습니다. 이는 '안전 보장의 딜레마'가 극한으로 치달은 상태라 할 수 있습니다. 실제로 본래 싸울 이유가 없던 독일과 프랑스의 전투가 서부전선에서 먼저 벌어졌을 때, 정작 전쟁의 당사국인 오스트리아와 세르비아의 전투는 아직 시작조차 되지 않았습니다. 이 사실은 제1차 세계대전이 어떤 성격의 전쟁이었는지를 상징적으로 보여주는 일화라고 할 수 있습니다.

## '휘말림'과 '버려짐' - '동맹의 딜레마'

마지막으로, 전쟁 당사국인 오스트리아와 세르비아로 시선을 돌려봅시다. 두 나라는 왜 싸움을 멈출 수 없었을까요?

오스트리아와 세르비아가 각각 억누르지 못했던 이유는 동맹에서 발생하는 '모럴 해저드(도덕적 해이)'로 설명할 수 있습니다. 자동차 보험에 가입한 운전자가 "사고가 나도 어차피 보험금이 나오니까 괜찮겠지"라며 안심하고 과속을 하다가 오히려 사고 위험이 커지는 현상이 있습니다. 이것이 바로 모럴 해저드입니다.

제1차 세계대전의 경우, 세르비아는 오스트리아와 갈등이 발생해도 여차하면 러시아라는 '믿을 만한 형님'이 도와주러 올 것이라며 안심하고 있었습니다. 오스트리아 역시 세르비아와 그 배후인 러시아를 상대로 조금 강경하게 나가도, 결국 마지막에는 독일이 나서줄 것이라고 믿었습니다. 러시아와 독일은 자신의 **동맹국과의 결속이 너무 강했기 때문에 동맹국이 자의적으로 벌인 전쟁에 '휘말리는' 상황**에 놓이게 되었습니다.

그렇다고 러시아와 독일이 동맹국인 세르비아와 오스트리아를 쉽게 외면할 수도 없었습니다. 만약 "이 형님은 유사시에 믿을 수 없다"라고 여겨지면 동맹국이 진영을 이탈할 수도 있

기 때문입니다. 즉, **동맹 상대와의 결속이 너무 약하면 '버려지는'
상황**이 될 위험도 있습니다. 미국의 국제정치학자 마이클 만델
바움은 동맹이 이처럼 '휘말림'의 공포와 '버려짐'의 공포 사이
에서 진퇴양난에 빠지는 현상을 **'동맹의 딜레마'**라고 명명했습
니다.

지금은 러시아와 독일이 주어였지만, 세르비아와 오스트리
아 역시 마찬가지였습니다. 두 나라도 러시아와 독일이 벌이는
전쟁에 휘말릴 위험이 있었고, 유사시에는 러시아와 독일의 도
움을 받지 못하고 버림받을 가능성에 대한 두려움도 가지고 있
었습니다. 동맹 내에서는 이처럼 동맹 상대와 적절한 거리를 유
지하는 일이 매우 어렵습니다.

일본은 1951년 미국과 미일 안전 보장 조약을 체결해 미일
동맹을 결성했습니다. 일본에 미군이 주둔하는 이유도 이 조약
의 일환입니다. 그러나 일본에 주둔한 미군이 일본 이외의 지역
에서 군사 행동을 할 경우, 일본 정부와 사전에 협의해야만 하
는 제도가 존재합니다. 일본은 이 '사전 협의 제도'를 통해 미
국이 벌이는 전쟁에 휘말리지 않도록 하고 있습니다.

한편, 센카쿠 열도에 대해 중국이 영유권을 주장하자, 일
본은 미국으로부터 센카쿠 열도가 방위 범위에 포함된다는 확

인을 받아냈습니다. 만델바움의 분석 렌즈로 보면, 이는 '버려짐'의 공포를 피하려는 조치로 해석할 수 있습니다.

정리하자면, 대립하는 국가 사이에서는 '안전 보장의 딜레마', 동맹을 맺은 국가 사이에서는 '동맹의 딜레마'가 발생할 가능성이 있습니다. 어느 쪽이든 '겁먹은 상대를 위협해서는 안 된다'라는 제1차 세계대전의 교훈을 배울 수 있었습니다. 물론 이는 중요한 반성입니다. 그런데 이번에는 제1차 세계대전의 교훈에 지나치게 몰두한 나머지, 반대로 위협을 해서라도 반드시 막아야 할 침략조차 제때 제지하지 못하는 문제가 발생합니다. 이는 다음 장에서 살펴볼, 제2차 세계대전을 막지 못한 중요한 원인과 연결됩니다.

# 제 4 장

# 세계대전은 왜 일어났을까? ②
## - 기회주의적 전쟁

## 역사의 전환점

'북쪽의 로마'라고도 불리는 독일 남부의 문화 도시 뮌헨. 이 아름다운 도시 한쪽에 광장을 내려다보는 고전 양식의 3층 건물이 있습니다. 한때 독일의 독재자 히틀러가 뮌헨 총통 관저로 사용했던 곳입니다.

1938년, 바로 이 장소에서 열린 한 외교 교섭이 제1차 세계대전 이후 역사의 흐름을 뒤바꾼 중요한 전환점이 되었습니다.

## 히틀러의 야망

제1차 세계대전에서 패배한 독일은 영국과 프랑스 등 전승국으로부터 가혹한 조건의 강화 조약을 강요받았을 뿐만 아니라 1929년 미국에서 시작된 '세계 대공황'의 직격탄까지 맞았습니다.

혼란한 상황 속, 독일에서는 베르사유 강화 조약으로 정해진 국제 질서를 부정하는 과격한 지도자 히틀러가 등장해 나치당을 이끌며 정권을 장악했습니다. 나치 독일은 오스트리아와 체코슬로바키아(현재의 체코와 슬로바키아)를 차례로 병합하며 주변 여러 국가를 침략하기 시작했습니다. 그리고 1939년 9월 1일, 독일군은 폴란드를 침공했습니다. 이러한 상황을 그대로 두면 유럽 전체가 '히틀러 제국' 아래에 놓이게 될 것이 분명했습니다. 결국 9월 3일, 영국과 프랑스는 독일에 선전포고했고, 제2차 세계대전이 발발했습니다.

독일군은 사전에 협정을 맺었던 소련군과 함께 순식간에 폴란드 전역을 제압했습니다. 이듬해인 1940년에는 프랑스 대부분을 점령해 항복을 받아냈고 영국 본토에 상륙하기 위한 공중 공격을 개시했습니다. 그사이 이탈리아도 독일 편에 서서 참전했습니다. 히틀러의 유럽 제패는 코앞까지 다가온 듯 보였습니다.

그러나 영국은 독일의 공격을 견뎌냈고, 초조해진 히틀러는 결국 화살을 소련으로 돌려 1941년 6월 소련 침공을 감행합니

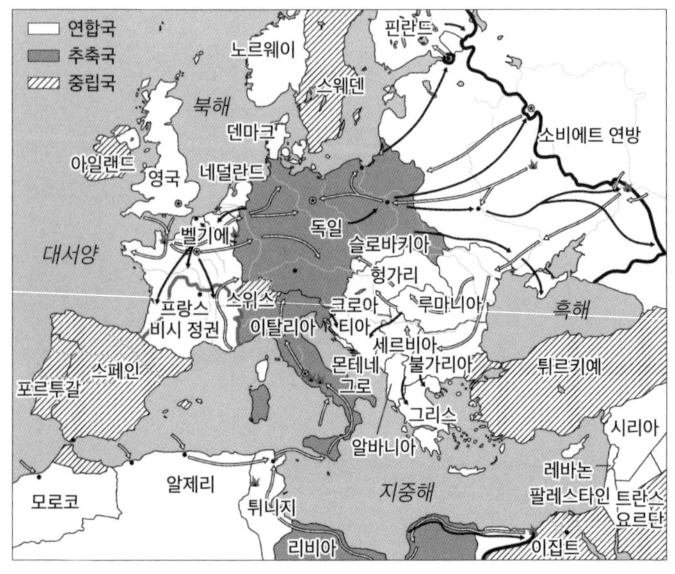


**그림 4-1. 제2차 세계대전 당시의 유럽**

다. 바로 이 공격이 히틀러 몰락의 첫걸음이 되고 말았습니다.

한편 같은 해 12월 7일(하와이 시각), 태평양에서는 일본군이 하와이의 진주만에 정박해 있던 미군 함대를 기습 공격했습니다. 이에 1940년 일본과 삼국동맹을 맺고 있던 독일과 이탈리아도 미국에 선전포고하며, 미국이 제2차 세계대전에 본격적으로 참전하게 됩니다.

유럽에서 제2차 세계대전의 분수령이 된 사건은 1943년 2월 소련 서부의 스탈린그라드 전투에서 독일군이 소련군에게 패배한 것이었습니다. 이후 소련군은 동부에서 독일 본토를 향해 대대적인 반격을 시작합니다.

흥미롭게도, 약 130년 전 히틀러와 거의 똑같은 실수를 했던 인물이 있었습니다. 바로 나폴레옹입니다. 나폴레옹 역시 영국을 쉽게 굴복시키지 못하자 초조함을 느낀 끝에 러시아 원정을 감행했고 그 결과 모든 것을 잃고 말았습니다.

곧이어 1943년 9월에는 이탈리아가 연합국 측에 항복했습니다. 1944년에 들어서면서 미국과 영국 연합군이 프랑스 북서부의 노르망디 상륙에 성공했고 독일은 동서로 연합군의 협공을 당하는 상황에 놓였습니다. 1945년 4월, 소련군이 독일의 수도 베를린으로 진격하는 가운데 히틀러가 자살했고, 결국 5월에 독일은 연합국에 무조건 항복했습니다. 무조건 항복이란 패자는 완전히 두 손을 들고, 승자가 요구하는 어떤 조건이든 받아들이는 항복 방식입니다. 연합국은 독일의 주권 소멸을 선언했습니다. 유럽에서 벌어진 제2차 세계대전의 사망자는 연합국측 3,000만 명 이상, 추축국 측 800만 명 이상이었습니다.

제2차 세계대전의 결과 독일의 영토는 상당히 축소되었고, 근세·근대 유럽의 강대국이자 독일 통일을 주도했던 옛 프로이센 지역의 대부분은 현재 폴란드와 러시아(러시아 본토와 떨어진 칼리닌그라드 지역)의 영토가 되었습니다.

　제1차 세계대전을 경험한 지 불과 30여 년밖에 지나지 않았음에도 불구하고 왜 두 번째 세계대전을 피할 수 없었을까요? 그 원인을 파헤치는 데 핵심적인 실마리가 되는 것이 바로 '뮌헨'입니다.

## 침략자의 요구를 받아들여서는 안 된다 - '뮌헨의 교훈'

　앞에서는 제1차 세계대전의 발발 원인을 설명하기 위해 '취약성에 의한 전쟁'이라는 분석 렌즈를 비추어 살펴보았습니다. 복습하자면, 적극적으로 전쟁을 원한 것은 아니지만, 상대보다 먼저 손을 쓰지 않으면 자신의 약점을 공격당할 수 있다는 공포로 전쟁에 뛰어들 수밖에 없었던 전쟁 발생의 메커니즘이었습니다.

　따라서 전쟁을 막기 위해서는 상대가 두려워하는 상황을 더 자극하거나 위협해서는 안 된다는 결론이 도출됩니다. 상대를 단념시키기는커녕 오히려 불필요한 불안을 유발해 선제공격을 유도할 위험이 있기 때문입니다. 그러나 제1차 세계대전의 교훈을 지나치게 의식한 나머지, 원래라면 위협을 해서라도 반드시 막아야 했을 침략을 방치하게 되었고 결국 제2차 세계대전으로 이어지게 되었습니다.

이제 구체적으로 살펴봅시다. 제2차 세계대전은 독일의 폴란드 침공으로 시작되었습니다. 하지만 히틀러의 침략 대상은 폴란드가 처음이 아니었습니다. 앞서 설명했듯 독일은 폴란드 침공에 앞서 바로 그 전년도에 체코슬로바키아를 병합했습니다. 그런데 이때 영국과 프랑스는 독일의 체코슬로바키아 병합에 반대하거나 제지하기는커녕 사실상 이를 용인했습니다.

1938년 9월 30일, 독일의 체코슬로바키아 병합 요구를 둘러싸고 히틀러와 영국, 프랑스, 이탈리아 정상이 뮌헨의 총통 관저에 모여 협의했습니다. 바로, 역사적으로 악명 높은 뮌헨 회담입니다.

당시 영국과 프랑스는 히틀러의 영토 요구를 받아들이지 않으면 독일과 전쟁이 벌어질지도 모른다는 두려움이 있었습니다. 히틀러는 뮌헨 회담에서 "체코슬로바키아가 독일의 마지막 영토 요구"라고 영국과 프랑스에 약속했습니다. 이 자리에서 영국과 프랑스는 "만약 독일이 체코슬로바키아 병합을 강행한다면 체코슬로바키아를 지키기 위해 군사를 개입하겠다"라고 강경하게 주장하지 않았습니다. 오히려 히틀러의 요구를 그대로 받아들였습니다. 독일과의 전쟁을 피하고자 체코슬로바키아를

**뮌헨 회담**

방치한 것입니다.

뮌헨 회담을 마친 뒤, 영국과 프랑스는 "체코슬로바키아가 희생되었지만, 덕분에 독일과의 전쟁은 피했고 평화를 지켰다"라며 안도했습니다. 그러나 히틀러가 받아들인 메시지는 영국·프랑스의 생각과 전혀 달랐습니다. 영국과 프랑스는 독일과의 전쟁을 피하려고 체코슬로바키아를 내버려두었습니다. 그렇다면 히틀러의 입장에서는 자연스럽게 이런 생각이 들 것입니다.

'영국·프랑스가 이 정도로 소극적이라면, 설령 내가 약속을 어기고 다음에 폴란드를 차지하려 해도 폴란드 역시 내버려둘 것이 분명하다. 체코슬로바키아도 지키지 않은 두 나라가 왜 폴란드를 위해 독일과 전쟁을 하겠는가.'

뮌헨 회담에서 보인 영국과 프랑스의 대응은 히틀러의 침략을 억제하기는커녕, 결과적으로는 히틀러를 부추기는 꼴이 되어버렸습니다. 여기에서 우리는 바로 '뮌헨의 교훈'을 얻을 수 있습니다. **한 번이라도 침략자의 요구를 받아들이면,** 뮌헨 회담 이후 벌어진 일처럼 **한층 더 큰 침략을 유발할 뿐**입니다. 침략은 최초의 한 걸음이 내디뎌진 순간에 곧바로 저지해야만 합니다.

즉, 적극적으로 전쟁을 원하는 침략자를 강경하게 제지하지 않고 요구를 들어주는 태도는, 전쟁을 막기는커녕 오히려 전쟁을 재촉하는 결과를 낳게 됩니다.

## 기회가 있으면 치고 나간다
## - '기회주의적 전쟁'

히틀러가 일으켰던 것처럼, **'기회가 생기면 적극적으로 공격에 나서는'** 형태로 시작되는 전쟁을 **'기회주의적 전쟁'**이라고 부릅니다. 앞에서 소개했던 스타인의 분류에서 '취약성에 의한 전쟁'과 대비되는 개념입니다.

일본을 대표하는 국제정치학자 쓰치야마 지쓰오는 대표작 『안전 보장의 국제정치학(安全保障の国際政治学)』의 부제를 '초조함과 오만함'이라고 붙였습니다. '초조함'은 취약성에 의한 전쟁을 뜻하고, '오만함'은 기회주의적 전쟁을 가리킵니다.

기회주의적 전쟁을 막기 위해서는 취약성에 의한 전쟁과는 정반대의 접근이 필요합니다. 즉, **강경한 태도로 위협을 해서라도 상대의 행동을 억눌러 제지하는 방식**이 유효하며, 이를 '**억지**(deterrence)'라고 합니다. 반면 억지와는 반대 개념으로, **상대가 두려움 때문에 먼저 공격에 나서지 않도록 안심시키는 것**을 '**보장**(assurance)'이라고 합니다.

이처럼 전쟁이 발생하는 메커니즘에는 두 종류가 있으며 각각의 원인에 따라 필요한 대응 방식도 다릅니다. 간단하게 말하면 '**취약성에 의한 전쟁을 막기 위해서는 보장, 기회주의적 전쟁을 막기 위해서는 억지가 유효하다**'라고 정리할 수 있습니다.

이를 두 차례의 세계대전에 적용해보면 다음과 같습니다. 제1차 세계대전의 경우, 취약성에 의한 전쟁이 일어나려고 할 때 오히려 '억지'가 시도되었고, 반대로 제2차 세계대전에서는 기회주의적 전쟁이 다가오는 상황에서 보장이 이루어졌다고 할 수 있습니다. 특히 제2차 세계대전의 경우, 보장은커녕 침략자를 달래고 요구를 들어주는 '유화'가 이루어졌다고 해도 될 정도였습니다. 즉, 원래 취해야 했던 대응과는 정반대의 조치가 실행된 셈입니다.

다만, '취약성에 의한 전쟁을 막으려면 보장이 유효하다'라는 원칙은 핵무기가 등장한 이후의 전쟁에서는 이야기가 조금 달라집니다. 이에 관해서는 제6장에서 다시 설명하겠습니다.

## 억지되지 않은 일본

그런데 제2차 세계대전은 유럽에서만 벌어진 전쟁이 아니었습니다. 지구 반대편인 아시아·태평양 지역에서는 일본과 중국, 미국, 영국이 사투를 벌였고, 전쟁 후반에는 소련도 참전했습니다.

1931년 9월 18일, 일본군은 청 왕조의 발상지이기도 한 중국 동북부 만주에서 군사 행동을 일으켜 이 지역을 점령하고 그 위에 '만주국'이라는 일본의 괴뢰(꼭두각시 인형) 국가를 세웠습니다. 바로 만주사변입니다. 1911년 혁명으로 청 왕조가 무너지고 중화민국이 생겨났으나, 이후 내란 상태가 이어졌고 일본은 그 틈을 비집고 들어온 것이었습니다. 만주사변 이후에도 일본의 중국 침략은 계속되어 1937년에는 결국 일본과 중국의 전면전, 즉 중일전쟁으로 확대되었습니다. 역사적으로 중국 왕조가 멸망하면 국내 세력뿐만 아니라 주변 이민족까지 얽혀 대혼란이 반복되곤 했습니다. 20세기에도 같은 일이 일어났고 이번에는 처음으로 일본이 중국의 동란에 적극적으로 개입했다고 볼 수 있습니다.

그러나 중국은 물론이고 동남아시아에 식민지를 보유한 영국, 미국 등 이 지역에 이해관계를 가진 어느 국가도 일본의 승리를 바라지 않았습니다. 역풍 속에서 일본과 중국의 싸움은 점점 장기전으로 빠져들었습니다.

특히 1941년 6월 일본의 동맹국 독일이 소련을 침공하자, 소련으로서는 일본이 중국과의 진흙탕 싸움에 계속 발목 잡혀 있는 것이 좀 더 유리한 상황이었습니다. 독일과 일본, 두 나라의 동시 공격을 피할 수 있기 때문입니다. 마찬가지로 독일을 상대하는 영국과 연합국을 지원하던 미국 역시, 일본이 중국을 이기고 소련 쪽으로 화살을 돌리는 것을 달가워하지 않았습니다. 그렇게 되면 독일만 유리해질 뿐이었기 때문이었습니다.

여기서 일본이 중국과의 장기전을 유지하기 위해서는 석유 같은 자원이 필수적이었습니다. 그러나 일본은 자원이 부족한 국가이므로 반드시 어딘가에서 조달해야만 했습니다. 그래서 일본은 동남아시아의 자원 지대로 눈을 돌렸습니다.

제1장에서 살펴본 것처럼 유럽과 미국은 아시아의 많은 지역을 식민지로 삼았는데, 동남아시아 지역에서 인도차이나(베

트남·라오스·캄보디아)는 프랑스가, 필리핀은 미국이, 말레이시아와 버마(현재의 미얀마)는 영국이, 인도네시아는 네덜란드가 각각 지배하고 있었습니다. 일본은 자원 확보를 목적으로 1940년 9월 프랑스령 인도차이나 북부에 군대를 진출시켰습니다. 이때 일본군은 어떻게 그렇게 손쉽게 침략할 수 있었을까요? 바로 같은 해 6월, 프랑스 본국이 나치 독일에 패배했기 때문이었습니다. 일본은 패전국의 식민지를 마치 빈집털이처럼 침략한 셈입니다.

이처럼 일본은 만주사변 이후 중국과 동남아시아에서 기회주의적 군사 행동을 계속했습니다. 그러나 미국을 비롯한 국제 사회는 일본을 억지하기는커녕 오랫동안 일본의 행동을 묵인해왔습니다. 뮌헨 회담처럼 노골적이지는 않지만, 결과적으로는 일본에 대한 '유화'였다고 볼 수 있습니다. 그러나 이러한 유화는 일본의 기회주의적 침략을 더 부추겼을 뿐이었습니다.

1941년 7월, 일본은 인도차이나 남부에도 병력을 투입했습니다. 앞서 말했듯 전년도에 독일이 프랑스를 굴복시킨 것에 더해 이해 6월에는 소련까지 침공했기 때문에, 일본은 북쪽의 소련이 후방에서 공격해 올 위험을 크게 느끼지 않고 남쪽으로 진출할 수 있었습니다. 이처럼 아시아와 유럽의 정세는 서로 긴밀히 연결되어 있었습니다.

## "기요미즈데라의 부타이에서 뛰어내리다"

이 단계에 이르러서야 미국은 마침내 강경한 대책을 내놓았습니다. 바로 일본에 석유 수출을 전면 금지하는 조치였습니다. 미국은 일본이 인도차이나 북부뿐만 아니라 동남아시아 전역을 지배하려는 목적이 있다고 판단했습니다. 일본이 동남아시아를 장악하면, 미국과 영국은 식민지를 잃게 되고 자원을 확보한 일본은 중국과의 전쟁에서도 우위를 점할 뿐 아니라 소련마저 위협해 독일의 유럽 제패를 도울 가능성까지 있었습니다.

그렇다고 해서 미국이 강력한 군사적 '억지'를 행사한 것은 아니었습니다. 대응은 경제 제재에 그쳤고, "침략을 멈추지 않으면 공격하겠다"와 같은 직접적 위협은 없었습니다. 그럼에도 석유 수출 전면 금지는 일본에 큰 충격을 주었습니다. 석유가 없으면 일본군이 군함과 전투기를 아무리 많이 보유하고 있어도 무용지물이 될 수밖에 없기 때문입니다.

미국은 강력한 경제 제재를 가함으로써 일본의 기회주의적 전쟁 확대를 억지하려고 했습니다. "일본군도 석유가 없으면 싸울 수 없을 것이다. 그렇다면 동남아시아와 중국 점령지에서 철수할 수밖에 없다"라는 것이 미국의 계산이었습니다.

그러나 일본은 미국에 굴복하지 않았고, 오히려 이 궁지에서 벗어나기 위해 말도 안 되는 극단적 작전을 떠올렸습니다. 바로 일본 해군 연합함대 사령장관인 야마모토 이소로쿠 제독이 제안한, 하와이 진주만의 미군 함대를 기습 공격하여 궤멸시키자는 공격 계획입니다.

더욱이 일본은 동맹국 독일이 영국을 무너뜨리기만 하면, 미국은 점차 일본과 싸울 의욕을 잃을 것이고 결국 이 전쟁을 무승부로 끌고 갈 수 있다고 계산했습니다. 미국이 손을 떼면

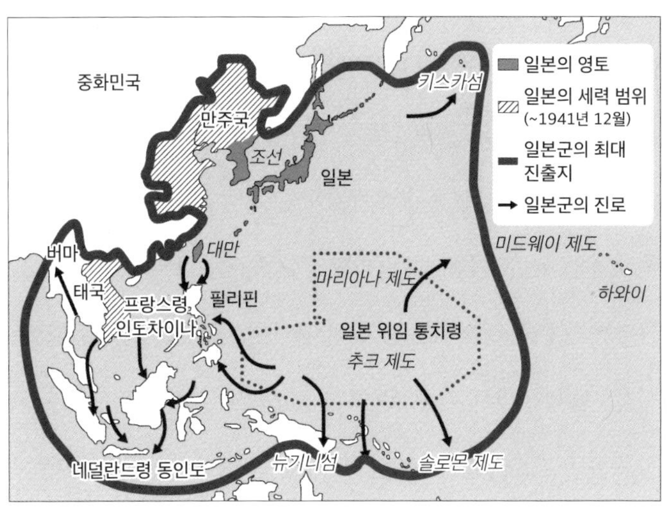


**그림 4-2. 제2차 세계대전 당시의 아시아·태평양**

일본은 동남아시아의 자원 지대를 확보할 수 있고, 그렇게 되면 중국과의 전쟁을 끝없이 계속할 수 있을 것으로 여겼습니다. 당시 일본의 주전장은 중국이었고, 동남아시아 침공은 어디까지나 중국 전선을 유지하기 위한 수단이었습니다. 진주만 공격 역시 미국이 동남아시아 침공을 방해하지 못하도록 하는 부수적인 작전에 불과했습니다.

그러나 일본군이 진주만을 공격했을 때, 일본군의 표적이었던 미군의 항모(항공모함. 많은 비행기를 싣고 전 세계 바다에서 전력을 전개할 수 있습니다)는 대부분 이미 항구를 떠난 상태였습니다. 군사적으로 보자면 사실상 실패한 작전이었습니다. 게다가 일본의 기습은 미국의 전투 의욕을 꺾기는커녕 오히려 분노를 폭발시켰고, 그 결과 미국은 일본이 무조건 항복할 때까지 철저히 싸우기를 선택했습니다.

독일이 승리할 것이라는 기대도 빗나간 상황에서 일본은 광대한 중국 전선을 떠안은 채, 태평양에서 항공모함을 대거 투입하는 미군의 반격으로 점점 궁지에 몰리게 되었습니다. 일본 본토 역시 미군의 폭격으로 막대한 피해가 발생했습니다.

1945년 8월, 미국은 일본의 히로시마와 나가사키에 핵무기를 투하했고, 소련까지 일본을 상대로 참전하면서 진퇴양난에 빠진 일본은 연합국에 무조건 항복했습니다. 이 전쟁으로 미국 측 약 10만 명, 일본 측 약 300만 명이 사망했습니다. 그 밖에도 아시아·태평양 전역에서 2,000만 명 이상이 사망한 것으로 알려져 있습니다.

요즘은 태평양 전쟁을 직접 경험한 세대가 점점 줄어들고 있습니다. 제가 어렸을 때만 해도 주변에 전쟁 경험자 한두 명쯤 있는 것이 당연했습니다. 버마에서 육군 소위로 참전했던 할아버지는 퇴각할 때 군이 준비한 버스를 놓친 덕분에 목숨을 건졌다고 했습니다. 할아버지가 타야 했을 버스는 출발 직후 적의 공격을 받아 탑승자 전원이 사망했다고 합니다. 외할아버지는 전장에서 한쪽 발에 총상을 입어 평생 장애를 안고 사셨습니다. 작은외할아버지는 일본군이 거의 전멸했던 이오지마 전투에서 살아 돌아온 몇 안 되는 생환자 중 한 명이었습니다. 이러한 전쟁의 기억이 결코 잊혀서는 안 되겠지요.

진주만 공격에 앞서 일본이 중국과 동남아시아에서 감행한 침략은 독일과 마찬가지로 기회주의적 전쟁이었습니다. 일본을 제외한 국제 사회를 주어로 놓고 보면 일본에 대해서는 오랫동안 억지가 아니라 오히려 유화에 가까운 대응이 이어졌고, 그것이 일본의 침략 확대를 부추긴 셈입니다.

게다가 미국은 일본을 억지할 적절한 시기를 계속 놓쳤고, 가까스로 강경한 조치를 취했을 때에는 일본의 취약성을 자극하는 결과가 되어버렸습니다. 자원 부족이라는 취약성을 가진 일본은 석유 전면 수출 금지로 숨통이 완전히 막히기 전에 진주만 기습이라는 모 아니면 도의 극단적 도박을 감행했다고 볼 수 있습니다.

진주만 공격 직전, 도조 히데키 육군 대신(진주만 공격 당시에는 총리)은 전쟁 반대론자에게 이렇게 말했다고 합니다.

"인간, 때로는 기요미즈데라의 부타이에서 눈 딱 감고 뛰어내릴 필요가 있다."

교토에 있는 사찰 '기요미즈데라'의 본당 테라스인 '부타이'는 절벽 위에 있어, 그곳에서 뛰어내리는 것은 죽음을 각오해야 하는 일입니다. 그만큼 일생일대의 결심이 필요하다는 의미인데, 일본은 이 비유와 거의 같은 일을 실제로 실행해버렸습니다.

제2차 세계대전은 제1차 세계대전보다 훨씬 더 많은 희생자를 낳았습니다. 이러한 비극적 전쟁이 반복되지 않도록 전후에는 평화를 위한 새로운 제도가 마련되었습니다. 다음 장에서 이를 살펴보겠습니다.

# 제 5 장

# UN은 왜 기능하지 않을까?

## – 집단 안전 보장

# 이라크의 침략을 물리치다

냉전이 막 끝난 1990년, 중동의 이라크가 인근 국가 쿠웨이트를 공격했습니다. 이 군사 행동은 쿠웨이트의 석유 자원을 노린 노골적 침략이었습니다.

이때 결정적인 역할을 한 것이 바로 UN이었습니다. UN은 전쟁을 위법으로 규정한 UN 헌장에 따라 이라크의 행위를 침략으로 인정했고, 그 결정 아래 미국을 비롯한 여러 나라가 중동에 군대를 파견했습니다. 이렇게 다양한 국적의 군인으로 구성된 군대를 다국적군이라고 합니다.

이듬해인 1991년, 다국적군은 쿠웨이트를 침공한 이라크군을 공격해 쿠웨이트 영토에서 완전히 몰아냈습니다. 이 전쟁이 바로 걸프 전쟁입니다. 여기서 '걸프'란 쿠웨이트와 접한 페르시아만을 의미합니다.

## 집단 전체의 힘으로 침략을 막는 '집단 안전 보장'

UN은 참혹하기 그지없는 두 차례의 세계대전 경험을 바탕으로 '제3차 세계대전'을 막기 위한 새로운 평화의 장치로 만들어진 국제 조직입니다. 사실 새로운 평화의 장치를 마련하려던 시도는 제1차 세계대전 직후부터 이미 시작되었습니다.

제2장에서 살펴보았듯이, 제1차 세계대전 이전의 유럽에서는 국가 간 힘의 균형을 유지해 제국의 출현을 억제하는 세력 균형 체제가 존재했습니다. 또한 근대 주권 국가 체제에서는 전쟁이 여전히 국가의 권리로 용인되었습니다.

그러나 제1차 세계대전의 파괴력이 너무나도 컸기에, "세력 균형은 제1차 세계대전을 막지 못했으니, 그런 장치에 의존해서는 대전쟁을 막을 수 없다"라는 문제의식과 "애초에 침략 전쟁은 국제법으로 금지해야 한다"라는 목소리가 높아졌습니다. 이러한 흐름 속에서 침략 전쟁을 위법으로 삼는 것을 전제로, 세력 균형을 대신할 새로운 평화 장치가 요구되었습니다. 그것이 바로 '**집단 안전 보장**'입니다. 집단 안전 보장이란 '**그룹(집단) 전체의 힘으로 침략을 막는다**'라는 개념입니다.

제1차 세계대전 이후 침략 전쟁은 국제법 위반이 되었습니다. 하지만 그것만으로는 규칙을 지키지 않는 국가를 막을 수 없었습니다. 그래서 전 세계 국가들이 미리 그룹을 만들고, 여기에 회원으로 참가합니다. 그리고 만약 그룹 안에서 한 국가가 다른 회원국을 침략하면 나머지 모든 회원국이 힘을 모아 그 침략을 저지하는 방식, 이것이 바로 집단 안전 보장입니다. 이러한 장치를 최초로 제안한 인물은 17~18세기 프랑스의 성직자였던 생피에르라고 알려져 있습니다.

제1차 세계대전 후, 집단 안전 보장을 위한 국제 조직으로 '국제연맹'이 설립되었고, 제2차 세계대전 이후에는 현재의 UN이 그 역할을 이어받았습니다. 국제연맹이 UN으로 바뀌게 된 이유는 이 장에서 차례대로 살펴보겠습니다. 결국 비극적인 두 번의 세계대전 경험은 인류가 '제3차 세계대전'을 일으키지 않기 위한 새로운 평화 장치를 마련하도록 하는 계기가 되었습니다.

UN 본부는 미국 뉴욕에 있으며, 전 세계 193개국(2026년 1월 기준)이 회원국으로 참가하고 있습니다(일본은 1956년, 한국은

1991년 UN에 가입했다-옮긴이).

## 세력 균형과 집단 안전 보장의 차이

그렇다면 집단 안전 보장을 세력 균형과 비교해봅시다. 근대까지의 세력 균형 체제에서는 전쟁이 용인되었지만, 집단 안전 보장은 전쟁을 규칙 위반으로 간주합니다. 그러나 걸프 전쟁 때와 같이 UN이 승인한 군대가 침략을 방어하고자 침략국 측의 군대를 공격하는 경우는 예외로 인정되었습니다. 또한 UN이 어떠한 사정으로 움직일 수 없을 때, 침략을 당한 국가가 자국을 지키기 위한 '자위' 목적의 전투도 예외적으로 인정하고 있습니다(실제 UN이 '어떠한 사정으로 움직일 수 없는 경우'가 더 많다는 점은 뒤에서 다시 설명하겠습니다).

집단 안전 보장이 세력 균형과 다른 또 하나의 큰 차이는 강대국 간 힘의 균형에 의존하지 않는다는 점입니다. 세력 균형 체제에서는 시간이 흐르며 국가 간 힘이 변화해 강대국 간의 균형 자체가 무너지는 구조적 맹점이 있었습니다.

19세기 초 빈 체제가 성립된 이후, 시간이 흐르면서 프로이센이 독일로 통일되었고 곧 강대국으로 부상했습니다. 그 결과 유럽에서 힘의 균형이 무너졌고, 독일을 둘러싼 포위망이 형성되어 결국 중앙 동맹국과 반독일 연합국 간의 충돌이 제1차 세계대전으로 이어졌습니다. 이는 제3장에서 살펴본 바와 같습니다.

반면 집단 안전 보장은 강대국 간 힘의 균형에 의존하는 것이 아니라 '침략은 규칙 위반이며 집단 전체가 이를 저지한다'라는 '회원 간 약속'에 기반합니다.

집단 안전 보장과 종종 혼동되는 개념으로 '집단적 자위권'이 있습니다. 모두 '집단'이라는 표현을 사용하기 때문에 헷갈리기 쉽지만, 둘은 완전히 다릅니다. 앞서 설명했듯 원칙적으로 전쟁은 위법이지만, UN이 움직일 수 없는 경우, 즉 집단 안전 보장이 제대로 작동하지 않을 때 자국을 지키기 위해 싸우는 것은 예외적으로 허용됩니다. 이것이 바로 자위권입니다. 그리고 자위권은 두 종류로 나뉩니다. 하나는 자국이 공격받았을 때 반격하는 '개별적 자위권', 다른 하나는 자국과 가까운 관계인 타국이 공격받았을 때 반격하는 '집단적 자위권'입니다. 이 두 종류의 자위권은 모두 주권 국가의 권리로 국제연합 헌장에서 인정하고 있습니다.

예를 들어 일본이 공격받는다면, 일본은 국제법으로 인정된 개별적 자위권을 행사해 자위대의 힘으로 반격할 수 있습니

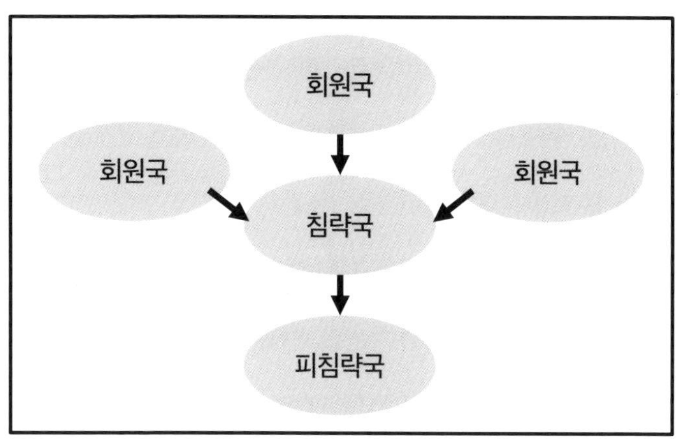


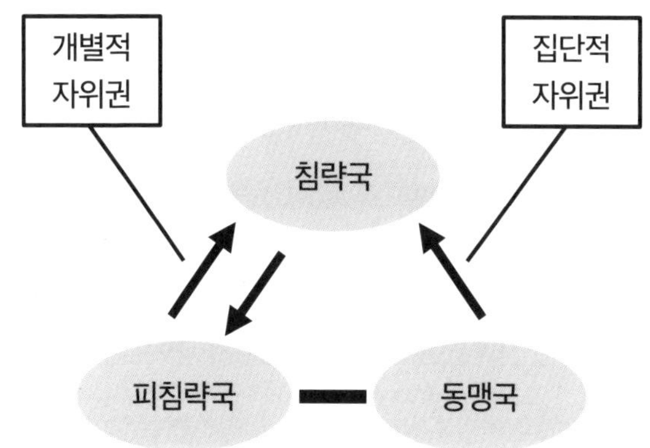


그림 5-1. 집단 안전 보장과 집단적 자위권

다. 또한 미국은 일본의 동맹국이므로 미국을 향한 공격은 일본에 대한 공격과 동일하게 간주하고, 마찬가지로 국제법에서 인정하는 집단적 자위권을 사용해 반격할 수도 있습니다. '집단 안전 보장은 UN이 움직이는 구조, 집단적 자위권은 동맹이 움직이는 구조'라고 머릿속에 떠올리면 두 개념을 구분하기 쉬울 것입니다.

사실 일본에서는 오랫동안 두 종류 자위권 중 개별적 자위권 행사는 헌법 위반이 아니지만, 집단적 자위권은 헌법 위반이므로 행사할 수 없다고 해석해왔습니다. 이 해석을 일부 수정해, 제한된 경우에는 일본도 집단적 자위권을 행사할 수 있도록 한 것이 2015년의 '평화 안전 법제'('안보 법제'라고도 불립니다)입니다.

평화 안전 법제가 만들어질 당시 일본에서는 대규모 반대 운동이 일어났습니다. 집단적 자위권 행사를 인정하는 것은 적절하지 않다는 이유였습니다. 개인적으로 집단적 자위권 행사를 위헌으로 본 기존의 해석이 더 부적절하다고 생각하지만, 여기서 이 논의를 깊이 다루지는 않겠습니다. 더 상세한 내용을 알고 싶은 분은 제가 쓴 신간 『전후 일본의 안전 보장(戰後日本の安全保障)』을 읽어보시기 바랍니다(은근슬쩍 광고가 들어갔습니다……).

　다시 이야기로 돌아가봅시다. 지금까지 살펴보았듯, 국제 사회는 세력 균형이 실패했다는 사실을 받아들이고 집단 안전 보장이라는 새로운 장치를 만들었습니다. 집단 안전 보장이란 집단 전체의 힘으로 침략을 막는 방식이지요. 세력 균형 체제의 실패를 반복하지 않기 위한 훌륭한 아이디어였습니다.

　이 내용을 현재 국제 정세에 비춰보면 어떨까요? 2022년 이후, 러시아는 계속해서 우크라이나를 침략하고 있습니다. 러시아도 우크라이나도 UN 회원국입니다. 집단 안전 보장 체제에서는 집단 내부에서 침략 행위가 발생할 경우, 나머지 회원국이 힘을 모아 침략을 막아야 합니다. 때에 따라 걸프 전쟁처럼 UN이 직접 군사적으로 대응하는 상황도 발생합니다.

　그렇다면 지금 UN은 러시아의 침략으로부터 우크라이나를 지키고 있을까요? 안타깝게도 지키지 못했습니다. 그 이전에, UN은 러시아의 행동을 '침략'이라고 규정하는 일조차 하지 못했습니다. 명확히 말하면 우크라이나 침략과 관련해 UN은 기능하지 않았습니다. 왜 UN은 기능하지 않았을까요? 그 답을 찾기 위해서는 우선 최초의 집단 안전 보장 기구였던 국제연맹부터 살펴봐야 합니다.

# 제2차 세계대전을 막지 못한 국제연맹

"힘의 균형이 아니라 '힘의 공동체'가 필요하다."

제1차 세계대전 당시 미국의 월슨 대통령이 전후 세계 질서에 관해 남긴 말입니다. 세력 균형에 의존하는 방식은 더 이상 안전하지 않으며, '힘의 공동체', 즉 집단 안전 보장으로 평화를 지켜야 한다는 의미입니다.

제1차 세계대전이 끝나자 이러한 월슨의 주장에 기반해 집단 안전 보장을 실현하기 위한 국제기구, 즉 국제연맹이 1920년에 창설되었습니다. 국제연맹은 스위스 제네바에 본부를 두고 영국, 프랑스, 이탈리아, 일본 등 제1차 세계대전 승전국들이 가입했으며 이후에는 패전국 독일과 공산주의 국가인 소련도 합류했습니다.

국제연맹의 기초가 되는 규범인 국제연맹 규약에서는 연맹 회원국이 다른 회원국을 침략한 경우, 이는 '모든 회원국에 대한 전쟁을 일으킨 것으로 간주한다'라고 규정했습니다. 당시 국제 사회는 국제연맹이 집단 안전 보장 체제로 세계 평화를 지켜줄 것이라며 큰 기대를 걸었습니다. 또한 1928년에는 미국, 영국, 프랑스, 독일, 이탈리아, 일본 등 주요 강대국이 참여한 부전조약이 체결되어, 침략전쟁은 국제법상 금지되었습니다.

그러나 1930년대에 들어서자, 국제연맹의 회원국 중 국제법을 어기고 침략을 일으키는 국가가 생겨났습니다. 그래도 괜찮습니다. 국제연맹이 집단 안전 보장을 통해 침략을 막아줄 것이니까요. 그렇다면 국제연맹은 실제로 침략에 어떻게 대응했을까요?

앞에서 설명했듯이 1931년, 일본은 만주사변을 일으킵니다. 이에 중국은 일본이 국제연맹규약을 위반하고 중국을 침략했다며 국제연맹에 문제 해결을 요청했습니다. 국제연맹은 일본의 행동이 국제연맹 규약 위반이라는 사실은 인정했습니다. 그러나 일본의 침략으로부터 중국을 지키지는 못했습니다.

1935년, 이번에는 이탈리아가 동아프리카의 에티오피아를 침략했습니다. 국제연맹은 이탈리아의 행동 역시 국제연맹 규약 위반이라는 점을 인정했습니다. 그러나 군사력을 동원해 이탈리아의 침략을 저지하는 대신, 경제 제재를 가하는 것에 그쳤습니다. 게다가 국제연맹이 결정한 경제 제재조차 끝내 제대로 실행되지 않았습니다.

1938년, 독일이 바로 그 체코슬로바키아 병합('뮌헨의 교훈'을 떠올리면 됩니다)을 강행했을 때도 국제연맹은 아무런 조치도 취하지 않고 가만히 지켜보기만 했습니다. 여기에 더해 1939년에는 소련이 인접 국가인 핀란드를 침략했습니다. 이 때문에 소련은 국제연맹에서 추방되었지만, 소련의 침략을 멈추기 위한 그 이상의 조치는 없었습니다.

이처럼 1930년대에 발생한 일련의 침략에 대해 국제연맹은 사실상 무력했습니다. 그리고 모두가 알다시피, 결국 국제연맹은 제2차 세계대전을 막는 데 실패했습니다. 왜 국제연맹은 침략 상황에서 힘을 발휘하지 못했을까요? 그 원인은 바로 국제연맹의 구조 자체에 있었습니다.

집단 안전 보장이 실행되기 위해서는 우선 지금 문제가 되는 상황이 침략에 해당하는지 아닌지를 판단해야 합니다. 그런데 국제연맹에서 침략이라고 인정하기 위해서는 당사국을 제외한 모든 회원국의 동의, 즉 '컨센서스'가 필요했습니다. 합의를 중시하는 국제기구였기 때문입니다. 하지만 반대로 말하면, 어느 한 나라라도 반대하면 침략 인정부터 성립하지 않는다는 뜻이기도 했습니다.

설령 침략으로 인정되었다 하더라도 침략국을 제지하기 위해 실제로 행동에 나설지는 각 회원국의 재량에 맡겨졌습니다. 문제는, 모든 나라가 '옆 나라가 침략당했다고 해서 우리 군인이 피 흘리며 싸워야 할 이유가 있나?'라고 생각했다는 점입니다. '아무도 안 하는데, 왜 우리만 나서야 하지?'라고 생각하니 결과적으로 아무도 움직이지 않게 됩니다. 각 부분에서 합리적으로 판단해 선택한 결과, 전체로서는 불합리한 결과가 생기는 집단행동 문제가 발생한 것입니다. 여기에 국제연맹 내부에서는 일본, 이탈리아, 독일이 줄지어 탈퇴하고 소련마저 추방당하는 등 집단 안전 보장을 실질적으로 떠받칠 만한 강대국이 점점 줄어들었습니다.

한편, 국제연맹 창설을 주장했던 미국은 정작 처음부터 국제연맹에 가입하지 않았습니다. 미국은 전통적으로 고립주의를 내세우며 국제 문제 개입을 꺼렸기 때문에, 윌슨 대통령이 전 세계에 호소한 국제연맹 구상은 실제로 미국 국내에서는 충분한 지지를 얻지 못했습니다. 오늘날 트럼프 대통령이 외치는 "아메리카 퍼스트"는 갑자기 등장한 것이 아닌 셈입니다. 결국 주요 강대국 중 마지막까지 국제연맹에 남아 있던 나라는 영국과 프랑스 정도였습니다. 1939년 독일의 침공에서 폴란드를 지키기 위해 참전했던 것도 이 두 나라뿐이었습니다.

윌슨은 '세력 균형'을 부정하고 그 대신 '집단 안전 보장'으로 평화를 지켜야 한다고 주장했습니다. 하지만 현실에서 집단 안전 보장은 제대로 작동하지 않았고, 독일과 일본을 견제해야 할 세력 균형 역시 기능하지 못했습니다. 이것이 바로 제2차 세계대전 직전 국제 사회의 현실이었습니다.

## 실패에서 배운 국제연합

국제연맹은 제2차 세계대전을 막는 데 실패했습니다. 이러한 실패를 교훈 삼아, 제2차 세계대전 이후 1945년에 새롭게 구성된 조직이 현재의 국제연합(UN)입니다. UN은 국제연맹의 한계를 철저히 의식해 만들어졌습니다.

국제연맹과 UN은 '침략의 인정 방식'과 '침략에 대응하는 방식'에서 큰 차이가 있습니다. 국제연맹에서는 문제 상황이 침략에 해당하는지 인정받기 위해 회원국 전체의 동의가 필요했습니다. 또한 침략을 저지하기 위한 행동을 실제로 취할지 말지는 각 회원국의 판단에 달려 있었습니다. 이와 달리 UN에는 강대국을 중심으로 이루어진 '안전 보장 이사회(안보리)'라는 특별 조직이 설치되었습니다. 그리고 이 안보리가 해당 사건이 침략에 해당하는지를 결정합니다. 또한 안보리가 침략을 막기 위해 UN 차원의 행동에 나서겠다고 결정하면, 모든 회원국은 그 결정에 따라야만 합니다. 안보리의 결정 아래 회원국들이 'UN군'을 결성해 침략 행위에 대응하는 상황도 생깁니다.

**UN 안전 보장 이사회**

© Wikimedia Commons

국제연맹은 "주권 국가는 강대국이든 약소국이든 모두 대등하다"라며 이상을 존중하는 구조로 만들어졌습니다. 그리고 회원국들이 집단 안전 보장에 협력한다는 약속을 성실히 지킬 것이라는 전제를 두었습니다. 그러나 이러한 이상만으로는 성공할 수 없었습니다. 세계 평화의 유지 여부는 실제로 강대국의 움직임에 달려 있다는 현실이 있었기 때문입니다.

제2차 세계대전 당시 미국 대통령이자 UN 창설에 큰 역할을 한 프랭클린 루스벨트는 이러한 현실을 기반으로, 강대국 중심의 안보리에 힘을 집중시켜 집단적 의사결정과 행동이 훨씬 신속하게 이루어지도록 만들었습니다.

# 안보리 상임 이사국의 무게

UN의 집단 안전 보장 체제에서 핵심이 되는 안보리 회의장 정면 벽에는 전쟁이라는 어두운 과거를 극복한 불사조가 밝고 평화로운 미래를 향해 날아오르려는 모습이 그려진 유화가 걸려 있습니다. 그러면 이제 안보리 내부 구조를 조금 더 살펴보겠습니다.

안보리는 UN 회원국 중 15개국이 이사국으로 참여하며, 이 15개 이사국은 또 두 종류로 나뉩니다. 바로 '상임' 이사국 5개국과 '비상임' 이사국 10개국입니다. 상임 이사국은 미국, 소련(현재 러시아), 중국, 영국, 프랑스 다섯 개 국가이며, 이 구성은 UN이 창설된 이후 지금까지 한 번도 바뀌지 않았고 UN 헌장이 개정되지 않는 한 앞으로도 바뀌지 않습니다. 이 다섯 상임 이사국을 줄여서 'P5'라고 부릅니다. P는 영어 'permanent(영구적인)'의 약자로, 계속 바뀌지 않는다는 의미입니다. 한편 비상임 이사국 10개국은 영구적 지위를 갖지 않으며, 2년마다 선거를 통해 교체됩니다. 상임 이사국과 비상임 이사국의 차이는 단순히 임기의 유무뿐만이 아닙니다. P5에게만 부여된 '거부권'이라는 권한의 존재야말로 가장 큰 차이점입니다.

UN이 집단 안전 보장 조치를 실제로 실행할 것인가는 앞

**UN 안전 보장 이사회 상임 이사국**

서 설명했듯 안보리가 결정하는데, 이 결정은 안보리 이사국에서 제출한 결의안이 통과되느냐, 거부되느냐에 따라 달라집니다. 결의안이 통과되면 'UN 안보리 결의 제 ○○호'가 되고, 모든 회원국은 그 결정에 따라야만 합니다.

결의안이 정식으로 채택되려면 두 개의 장애물을 넘어야만 합니다. 첫째, 안보리 15개국 중 9개국 이상이 찬성할 것. 둘째, P5 가운데 어떤 나라도 반대하지 않을 것. 즉 안보리 15개국 중 압도적 다수인 14개국이 결의안에 찬성하더라도, P5 중 한 국가가 반대하면 그 결의안은 통과되지 못하고 사라집니다.

자국의 단 한 표만으로 UN 안보리 결의안을 없애버릴 수 있는 권한, 다시 말해 UN의 의사결정 전체를 좌우하는 힘. 이것이 바로 P5가 가진 절대 권력 '거부권'입니다. 그리고 바로 이 거부권 때문에 UN은 종종 제 기능을 다하지 못하게 됩니다.

참고로 앞 페이지에 있는 그림을 포함해서 이 책 곳곳에는 이해를 돕기 위한 삽화가 여러 개 등장합니다. 사실 이 삽화들은 모두 제가 직접 그린 것입니다. 어떠신가요?(웃음) 편집장님은 전문 일러스트레이터에게 의뢰하려고 했다는데, "저자가 직접 그리다니……"라며 꽤 당황했다고 합니다.

# 같은 이름의 '연합국'과 '국제연합'

본래 국제연합은 제2차 세계대전 당시의 연합국이 발전한 조직입니다. '국제연합'은 영어로 'United Nations'라고 하는데, '연합국' 역시 영어로는 같은 'United Nations'입니다. 일본은 전쟁 중에는 이들을 '연합국'이라고 부르다가, 패전 후 그들과 협력하는 단계가 되자 이번에는 같은 United Nations를 '국제연합'이라고 부르게 되었습니다. 이 점은 P5가 모두 제2차 세계대전의 전승국으로 구성되어 있으며, 여기에 일본과 독일이 포함되지 않았던 사실과도 무관하지 않습니다.

"UN의 가장 큰 임무는 집단 전체의 힘으로 침략을 막는 것이다"라는 설명을 들으면, '맞아. 침략을 일으키려는 나쁜 나라가 있으면, UN이 힘을 모아 막아야지'라는 생각이 들겠지요. 그러나 UN이 이토록 경계했던 '침략을 일으키려는 나쁜 나라'란 바로 일본, 혹은 과거 일본의 동맹국이었던 독일을 가리킵니다. 독일과 일본을 비롯한 추축국과 싸웠던 연합국이 전쟁 이후 해산하는 대신, 전후에도 결속을 유지하며 집단 안전 보장을 적용해 옛 추축국이 다시 침략을 저지르지 못하도록 억제하기 위해 생겨난 조직이 바로 UN이기 때문입니다.

제2차 세계대전 말기인 1945년 2월, 당시 소련령이던 크림반도(현재 우크라이나령이어야 하지만, 러시아가 일방적으로 병합했습니다) 알타에서 연합국의 세 정상이 모였습니다. 미국의 루스벨트 대통령, 영국의 처칠 총리 그리고 소련의 최고 지도자인 스탈린입니다. 이 회담에서 그들이 그린 전후 세계 질서의 청사진은 '미국과 소련이 협력하여 독일과 일본을 억제하는 세계'였습니다.

패전국이 된 이탈리아, 독일, 일본은 물론이고 승전국 영국과 프랑스도 전쟁으로 국력이 크게 약화되었기 때문에 제2차 세계대전 후에는 미국과 소련이 강대국을 넘어 '초강대국'으로 부상했습니다. 미국과 소련이라는 초강대국의 협조를 바탕으로 독일과 일본을 억제하는 이러한 전후 국제 질서를 '알타 체제'라고 부릅니다. 그리고 이 알타 체제를 유지하기 위한 가장 중요한 도구가 바로 UN이었습니다. 그렇다면 왜 일본과 독일 같은 강대국은 안보리 상임 이사국이 될 수 없었느냐고요? 간단합니다. 될 수 있을 리가 없었습니다. 오히려 안보리, 즉 주요 구 연합국인 P5가 감시하고 통제하는 대상이었기 때문입니다.

물론 오늘날의 상황은 과거와 다릅니다. 일본은 2022년 안보리 비상임 이사국으로 선출되었습니다(임기는 2024년 말까지였습니다). 이것이 12번째 선출로 UN 회원국 중에서는 최다 기록입니다. 또한 UN 활동을 위해 각국이 내는 분담금 규모에서도 일본은 미국과 중국에 이어 세계 3위를 기록하고 있습니다. 현재의 일본은 다양한 방식으로 UN 활동에 적극 기여하고 있습니다.

## 미국과 소련이 대립했던 냉전

그러나 실제 전후 세계에는 얄타 체제와 정반대의 현실이 찾아왔습니다. 미국과 소련은 협조하기는커녕 심하게 대립했습니다. 이것이 바로 이른바 '냉전'입니다. 실제로 전쟁이 벌어지는 상태를 '열'전이라고 하면 바로 그 직전의 상태를 '냉'전이라고 합니다. 하지만 언제 '열전'으로 번져도 이상하지 않을 만큼 긴장감이 극도로 높았던 시기였음은 분명합니다.

소련과 같은 공산주의 국가는 빈부격차 해소를 내세웠지만, 기업의 자유 경쟁을 허용하지 않아 경제 발전이 정체되었습니다. 또한 사회에 자연스럽게 발생하는 격차까지 억지로 없애려 했기 때문에 정부의 권력이 지나치게 강해졌습니다. 실제로 소련이 그랬듯, 정부에 대한 불만을 입 밖에 내기만 해도 비밀 경찰에 체포되는 등 국가 전체가 공포스러운 분위기에 빠졌습니다.

전쟁에서 패배한 독일이 동유럽에서 철수하자 소련은 폴란드를 비롯한 동유럽 국가에 자신들과 동일한 공산주의 정권을 차례로 세워, 소련의 뜻대로 움직이는 국가들로 재편해갔습니다. 이러한 세력 확장은 영국과 미국의 긴장감을 높였습니다. 영국은 폴란드를 지키기 위해 제2차 세계대전에 참전했던 만큼, 소련의 움직임을 가만히 두고 볼 수 없었습니다.

1947년, 미국의 트루먼 대통령은 소련의 세력 확장을 저지하기 위한 '봉쇄 정책'을 발표했습니다. 미국의 시각에서 독일(독일은 전후 동서로 분단되었으며, 여기서는 서독을 의미합니다)과 일본은 더 이상 억제해야 할 대상이 아니라, 소련의 팽창을 막는 데 반드시 필요한 파트너가 되었습니다. 이는 나폴레옹 전쟁 후, 빈 회의에서 러시아의 세력이 지나치게 커지는 것을 막고자 패전국이었던 프랑스를 다시 국제 사회의 일원으로 받아들여준 사례와 비슷합니다. 미국은 영국·프랑스·이탈리아 등과 함께 1949년에 북대서양조약기구(NATO)라는 동맹을 결성했고, 1951년에는 일본과도 미일 동맹을 체결했습니다(NATO에는 1955년 서독도 가입했습니다).

이렇게 전 세계 많은 나라들은 미국을 중심으로 한 자유주의 진영, 이른바 '서측(미국, 서유럽, 일본, 한국, 대만 등)'과 소련을

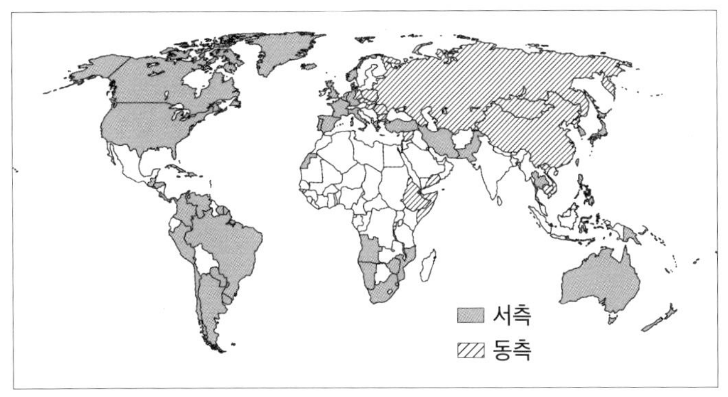


**그림 5-2. 동서 냉전**(1975년 무렵)

중심으로 한 공산주의 진영, 이른바 '동측(소련, 동유럽, 북한, 중국 등)'으로 나뉘어 40년 이상 대립하게 되었습니다.

그런데 우리나라에서 보면 소련과 중국은 동측이 아니라 실제로 우리나라의 서쪽에 있고 오히려 미국은 동쪽에 있으니, 표현이 조금 이상하게 느껴질 수 있습니다. 하지만 지도를 보면 알 수 있듯이, 여기에서 동서 구분은 유럽과 미국 시각에 따른 것입니다. 세상은 동아시아를 중심으로 돌아가지 않지요.

냉전이 본격화되면서 독일은 1949년에 자유주의 국가인 서독과 공산주의 국가인 동독으로 분단되었습니다. 제2차 세계대전 패전 후 독일의 서부는 미국·영국·프랑스군이, 동부는 소련군이 점령했기 때문입니다. 독일의 수도 베를린은 지리적으로 동독의 영토 안에 있었지만, 베를린 역시 동서로 나뉘어 동독 내부에 서베를린이 마치 섬처럼 떨어져 존재하게 되었습니다. 동서 베를린을 가르며 세워진 장벽이 바로 냉전의 상징이된 '베를린 장벽'입니다. 베를린이 동서 독일의 국경선 위에 있다고 오해하는 분도 있는데, 이 점은 주의해주시기 바랍니다.

제2차 세계대전 말기, 동아시아에서도 만약 일본의 항복이 늦어졌더라면 소련군이 일본 본토까지 침공해 왔을 가능성이 충분히 있었고, 그렇게 되었다면 전후 일본 역시 독일과 마찬가지로 분단국가가 되었을지도 모릅니다. 일본 대신 분단국가가 되어 둘로 나뉜 나라가 바로 일본의 식민지였던 조선이었습니다. 일본이 항복했을 때 조선의 남부는 미군이, 북부는 소련군이 점령하고 있었습니다. 그 결과 조선은 1948년 서측 진영의 대한민국과 동측 진영의 북한으로 분단되고 말았습니다. 한편, 일본이 철수한 뒤 1949년 중국 역시 중국공산당이 세운 중화인민공화국과 공산당과의 내전에서 패배해 대만으로 옮겨간 중국국민당 정부의 중화민국으로 사실상 분단되었습니다.

한반도에서는 1950년 북한이 남한을 침공하여 한국 전쟁이 발발했습니다. 그러자 미국 등 서측 국가들이 한국 방위를 위해 개입하는 한편, 중국과 소련은 북한을 지원해 전쟁은 국제적 규모로 확대되었습니다. 또한 제2차 세계대전이 끝나기까지 일본의 지배하에 있던 베트남에서도 이후 1970년대 초까지 반공산주의인 남베트남과 공산주의인 북베트남 사이에 전쟁이 이어졌습니다. 이 베트남 전쟁에서 미국은 남베트남을 지원하여 북베트남과 싸웠으나, 결국 북베트남이 승리했습니다.

냉전은 미국과 소련 간의 전면 무력 충돌이나 전 세계를 끌어들인 세계적 전쟁으로 발전하지는 않았지만, 지역적 수준에서는 일부가 실제 전쟁, 즉 열전으로 이어지기도 하는 등 결코 평화로운 환경은 아니었습니다.

## 차단기 역할을 하는 거부권

거듭 말하지만, UN은 본래 얄타 체제, 즉 미국과 소련이 협조한다는 전제 아래 만들어진 국제기구입니다. 그러나 미국과 소련 사이에서 냉전이 시작되면서 상황이 달라졌습니다.

예를 들어 UN 안보리 회의장에서 미국이 결의안을 제출하더라도 이는 통과될 수 없습니다. 미국과 대립하는 소련이 자신의 거부권을 행사해 결의안을 폐기해버리기 때문입니다. 마찬가지로 소련이 제출하는 결의안은 미국의 거부권 행사로 역시 기각됩니다. 이처럼 미국과 소련이 서로의 안보리 결의안을 무력화시키면 안보리로서 결정을 내릴 수 없으므로 냉전 속에서

UN은 제대로 작동하지 않을 수밖에 없습니다.

그렇다면 P5의 거부권을 없애버리면 UN이 더 원활하게 움직이지 않을까요? 그럴듯한 이야기지만, 실제로는 어렵습니다. 왜냐하면 거부권은 그 자체로 의미가 있기 때문입니다.

여러분도 가정에서 전자레인지 같은 가전제품을 많이 사용하다 보면 차단기가 내려가 집 안이 정전된 경험이 있을 것입니다. 전기회로에 전류가 과도하게 흐르면 화재의 위험이 있기 때문에 전류를 차단해야 합니다. 그래서 설치된 장치가 바로 차단기입니다.

P5가 가진 거부권 역시 이와 같은 역할을 합니다. P5의 거부권이 없는 UN을 상상해봅시다. 예를 들어 소련이 인근 국가에 군대를 진입시켰고, 미국은 "소련의 행동은 침략이며 UN이 군사력을 사용해서라도 이를 저지해야 한다"라는 내용의 결의안을 안보리에 제출했다고 가정합시다. 이 결의안에 안보리 15개국 중 9개국이 찬성했다고 합시다. 만약 소련이 거부권을 갖고 있지 않다면, 이 결의안은 통과됩니다. 그러면 이 대(對)소련 UN 안보리 결의를 바탕으로 UN군이 결성되어 소련과 전쟁을 벌이게 됩니다. 즉, UN의 집단 안전 보장이 제대로 작동한 셈입니다.

그런데 잠시 생각해봅시다. 지금 발생한 일은 UN의 집단 안전 보장이라는 이름을 앞세운 사실상의 제3차 세계대전 아닐까요? '세 번째 세계대전 발생을 막는 것'이라는 UN의 가장 큰 목표를 떠올려보면, 주객이 전도된 상황이라고 볼 수 있습니다.

바로 이러한 사태를 막는 장치가 P5의 거부권입니다. 제3차 세계대전이라는 '화재'가 일어나는 것보다 '정전', 즉 UN의 집단 안전 보장이 기능하지 않는 것이 낫다는 논리입니다. 이렇게 P5의 거부권은 세계 권력관계 속에서 차단기 역할을 하고 있습니다.

## PKO의 역할

제2차 세계대전 이후 어렵사리 UN이 만들어졌지만, 실제로는 오랫동안 '정전' 상태가 이어졌습니다. 이런 상황에서 UN 헌장에 명시되어 있지는 않았지만, 'UN 평화유지활동(PKO)'이 시작되었습니다.

제2차 세계대전 이후 아시아와 아프리카에서는 다양한 분쟁이 발생했습니다. 이런 분쟁은 한 번 잦아들었다가도 사소한 계기로 다시 타오르기 마련입니다. 또한 분쟁 후 국가 재건에

필요한 선거를 하려고 해도 반대 세력의 방해를 받아 선거를 치르지 못하거나, 국가의 체계가 제대로 갖춰지지 않은 상태에서 전투가 재개되기도 합니다. 바로 여기서 PKO가 제 역할을 다해왔습니다.

PKO 부대는 UN군 본래의 역할인 침략국과 싸우는, 즉 집단 안전 보장 방식의 전투를 수행하는 것이 아니라, 분쟁이 재발하지 않도록 당사국 군대 사이에 개입해 감시하거나 방해 없이 선거를 제대로 치를 수 있게 돕습니다. 말 그대로 'Peace(평화) Keeping(유지) Operation(활동)'입니다.

실제로 PKO는 UN 헌장에서 규정된 제도는 아니지만, UN의 중요한 역할로 자리 잡았습니다. 일본의 자위대가 헌법에 명시되어 있지 않지만 현실에서는 정착한 것과 비슷한 구조라고 할 수 있습니다(헌법에 쓰여 있지 않다는 이유로 자위대가 위헌이라고 말하는 사람들도 있지만, 그렇다면 PKO 역시 UN 헌장 위반이 되는 셈입니다). 일본도 1992년부터 PKO에 참여해 분쟁이 막 끝난 캄보디아에 자위대를 파견했습니다.

일본이 PKO에 참가하게 된 계기는 이 장의 앞부분에서 언급한 1991년 걸프 전쟁이었습니다. 당시 냉전은 이미 끝났고, 지금처럼 서측과 중국·러시아가 대립하는 구도도 아니었기 때문에 예외적으로 UN의 집단 안전 보장이 제대로 작동할 수 있었습니다.

여기서 냉전의 종결 과정을 잠시 살펴보겠습니다. 1980년대에 들어서자, 공산주의 진영은 경제적으로 침체에 빠지며 힘이 약해졌습니다. 1989년 베를린 시민들의 자발적 행동으로 냉전의 상징이었던 '베를린 장벽'이 무너졌고, 동서 독일 간 허락되지 않았던 자유로운 왕래가 가능해지면서 누구나 알아볼 수 있을 만큼 시대의 변화가 분명해졌습니다.

베를린 장벽 붕괴 직후, 미국의 부시(아버지) 대통령과 소련의 고르바초프 서기장이 지중해 몰타에서 회담을 갖고 냉전 종식을 선언했습니다. 더 나아가 1991년에는 소련 자체가 국가의 형태를 유지하지 못하고 공산주의 체제를 버리며 러시아, 우크라이나 등의 여러 국가로 해체되었습니다. 냉전의 종식으로 인해 이라크의 쿠웨이트 침공에 대응하기 위한 UN 안보리 결의안이 거부권의 방해 없이 통과될 수 있었고, 그 결과 UN의 집단 안전 보장은 온전하게 작동했습니다.

그러나 이 과정에서 존재감을 드러내지 못한 국가가 일본이었습니다. 일본은 UN 안보리 결의에 따라 이라크군과 싸우는 다국적군에 재정 지원만 제공했을 뿐, 전투 이외에 수송이나 의료 같은 활동에도 자위대를 파견하지 않아 국제 사회로부터 비난받았습니다. 이후 이에 대한 반성이 곧 자위대의 PKO 참여로 이어졌습니다.

참고로 제가 국제 정치와 안전 보장 문제에 관심을 가지게 된 계기가 바로 이 걸프 전쟁이었습니다. 당시 저는 초등학교 6학년이었습니다. 그때까지는 학교에서 '전쟁은 절대악'이라고 배웠던 터라, 침략을 막기 위해 UN이 전쟁을 일으킬 수 있다는 사실을 알고 충격을 받았습니다. 또한 침략 전쟁과 집단 안전 보장(물론 당시에 이런 용어는 알지 못했습니다)을 구분하지 않은 채, 어떤 전쟁이든 무조건 반대하며 목소리 높이는 어른들의 모습을 텔레비전 브라운관을 통해 보며 강한 이질감을 느꼈던 기억이 있습니다.

## 집단 안전 보장에 지나친 기대는 금물

걸프 전쟁에서의 실적으로 드디어 UN 집단 안전 보장이 제 기능을 하는 세상이 되겠다며 낙관적으로 보는 시선도 당시에는 있었지만, 안타깝게도 그렇게 되지는 않았습니다.

걸프 전쟁 이후에도 옛 유고슬라비아 지역(현재의 보스니아헤르체고비나, 세르비아 등)과 아프리카 여러 지역에서 분쟁이 일어났지만, 관련국의 이해관계가 엇갈려 UN은 충분한 힘을 발휘하지 못했습니다. 특히 동아프리카의 소말리아 내전에서는 UN 안보리 결의에 따라 파견된 다국적군이 큰 희생을 겪으며 철수하게 되었습니다. 외국의 평화를 위해서 자국 군인의 목숨을 더 희생할 수는 없었던 것입니다.

게다가 2001년 9월 11일, 뉴욕 세계무역센터를 비롯한 주요 건물에 납치된 민간 항공기가 충돌해 3,000명 이상이 사망한 9·11 테러 사건이 발생했습니다. 이후 미국은 '테러와의 전쟁'을 선포하며 아프가니스탄과 이라크를 공격했습니다.

이 과정에서 미국은 '유지연합'을 결성했습니다. 유지연합이란, 아이들이 놀 때 "여기 여기 붙어라"라며 편을 가르듯, 같은 뜻을 가진 국가가 모여 구성된 연합을 말합니다. 미국은 UN의 집단 안전 보장을 통한 대응 속도가 느려 답답하다고 여겼기 때문에 이러한 형태의 동맹을 구성했습니다. 그러나 미국은 대테러 전쟁에 점점 피로가 쌓여갔고, 그사이에 중국은 힘을 축적했으며 러시아도 냉전 이후 미국 중심으로 굳어진 세계 질서에 도전하기 시작했습니다.

그리고 지금, UN은 러시아의 우크라이나 침공을 막지 못하고 있습니다. 그 이유는 이제 여러분도 잘 아시겠지요. 러시아의 침략을 저지하기 위한 안보리 결의안에 P5의 일원인 러시아가 거부권을 행사하여 결의안 통과를 방해하고 있기 때문입니다. 만약 러시아의 거부권을 박탈하고 미국과 다른 국가들이 우크라이나 방어를 위해 'UN군'을 결성한다 해도 러시아와의 직접 충돌은 제3차 세계대전으로 이어질 위험이 있습니다.

또한 2023년부터 이어진 이스라엘의 가자지구 공격이 도를 넘어서자, 이스라엘에 전투 중지를 요구하는 안보리 결의안이 제출되었지만, 이스라엘을 지지하는 미국이 한동안 거부권을 행사해 이를 저지했습니다. 만약 장래에 중국이 대만을 침공하는 사태가 발생한다면, UN은 P5의 일원인 중국의 군사 행동을 막지 못할 것입니다.

"UN이 세계 평화를 지킨다"라고 생각하는 사람도 있겠지만, 실제로 UN이 할 수 있는 일은 그 생각보다 훨씬 제한적입니다. UN은 세계 정부가 아닙니다. 제1차 세계대전 후 국제연맹 시대에는 집단 안전 보장에 대한 지나친 기대가 실패로 이어졌습니다. 그래서 제2차 세계대전 이후의 UN에서는 집단 안전 보장을 맹신하지 않으며 제3차 세계대전을 피하고 PKO와 같은 새로운 역할을 찾아왔습니다.

UN의 집단 안전 보장이 실질적으로 작동하지 않았다고

한다면, 제2차 세계대전 이후의 냉전과 같은 극단적 긴장 상황에서 무엇이 제3차 세계대전의 발발을 막아왔을까요? 그 답은 제2차 세계대전 말기에 등장한, 일본과도 깊은 관계가 있는 무서운 무기의 존재와 관계가 있습니다.

# 제 6 장

# 핵무기는 왜 사라지지 않을까?

## - 핵 억지

# 인형극 속 소녀

아주 오래전, 유치원에서 보았던 인형극 형식의 짧은 무성 영화 한 편이 먼 기억 속에 남아 있습니다.

영화 초반에는 주인공인 인형 소녀의 일상을 담담하게 그리다가, 후반에 가까워지자 거실에 있던 소녀와 벽에 걸려 있는 시계를 번갈아 비춥니다. 째깍거리며 움직이는 시곗바늘. 그리고 갑자기 실내였던 장면이 급변하더니 무너진 잔해 속에서 그을음투성이 얼굴로 너덜너덜해진 복장의 소녀가 가만히 서 있는 장면으로 영화는 끝납니다.

뭐라 말로 설명할 수도, 이해할 수도 없는 장면이었습니다. 나중에야 그 장면이 1945년 8월 6일 오전 8시 15분 히로시마,

그리고 같은 달 9일 오전 11시 2분 나가사키를 덮친 핵무기가 만들어낸 현실이었다는 사실을 알게 되었습니다. 어린아이였지만 제가 그때 느꼈던 소름 끼치는 감정은 일본인이라면 누구나 한 번쯤 경험한 적 있을 것입니다.

세상에 존재하는 모든 물질은 원자로 이루어져 있습니다. 20세기에 들어서 인류는 원자 속 핵을 분열시키면 막대한 에너지가 발생한다는 사실을 알게 되었습니다. 이 에너지를 무기로 이용해 실제 만들어진 것이 바로 핵무기입니다.

제2차 세계대전이 시작되자 히틀러가 이끄는 나치 독일은 핵무기 개발에 나섰습니다. 독일의 움직임을 파악한 미국은 독일보다 한 발 앞서 핵무기를 개발하지 않으면 위험하다고 판단했습니다. 실제로 독일은 도중에 개발을 포기했지만, 이런 상황을 몰랐던 미국은 핵무기 개발을 위해 '맨해튼 계획'을 추진했습니다. 이 프로젝트의 본부가 뉴욕 맨해튼에 있었기 때문에 붙은 이름입니다.

사실 당시 일본도 핵무기 개발을 시도했지만, 세계대전이 진행 중인 상황에서 인류가 핵무기를 완성하는 것은 불가능하다는 결론을 내리고 포기했습니다. 그러나 미국은 일본이 '불가능하다'라고 판단했던 핵무기 개발을 끝내 성공시켰습니다.

그 무렵 독일은 이미 연합국 측에 항복한 상태였기에, 핵무기는 여전히 미국과 전쟁 중이던 일본에 사용되었습니다. 현실에서는 이런 상황을 전혀 알지 못한 채, 영화 속 인형 소녀처럼 목숨과 삶을 빼앗긴 수십만 명의 실제 희생자가 있었습니다.

## 핵무기를 쏠 수 없게 만드는 핵 억지

이처럼 무시무시한 무기가 두 번 다시 사용되어서는 안 된다고 생각하는 것은 너무도 당연한 일입니다. 그러나 핵무기를 지금 당장 이 세상에서 완전히 없앨 수 있는가에 대해서는 의견이 분분합니다. 설령 지구상에서 모든 핵무기를 없앤다고 해도, 이미 제조 방법이 알려진 이상 곧바로 다시 만들 수 있기 때문입니다. 80년 전 기술로도 만들 수 있었던 무기니까요. 실제로 제2차 세계대전 이후 핵무기를 사용할 수 없도록 억제해온 힘은 핵무기를 없애는 것이 아니라 **'핵 억지'**였습니다.

'억지'란, 제4장에서 기회주의적 전쟁과 관련해 설명했듯이 상대의 행동을 미리 억제하는 것을 말합니다. 핵미사일을 보유한 적국에 핵미사일을 쏘면 상대도 핵미사일로 반격할 것이기 때문에 애초에 첫 발을 쏠 수 없습니다. 상대방이 반격할 것이라고 믿게 만들어 핵미사일을 쏠 수 없도록 한다. **"핵을 쏘**

면 핵으로 반격하겠다고 위협해 상대의 핵 공격을 억제한다." 이것이 바로 핵 억지의 원리입니다.

1945년 미국이 일본에 핵무기를 사용한 이후, 냉전 속 미국의 라이벌이었던 소련도 1949년 핵무기 개발에 성공했습니다. 독일, 미국, 일본과 마찬가지로 소련도 제2차 세계대전 중 핵무기 개발을 진행하고 있었습니다. 당시 소련의 한 젊은 연구자가 미국의 물리학자들이 갑자기 과학잡지에 원자력 에너지 관련 논문을 발표하지 않는 상황을 수상하게 여겨 소련 정부에 보고한 일이 계기가 되었습니다. 이 보고를 통해 스탈린은 미국이 원자력 에너지를 활용한 무기를 비밀리에 개발하려 한다는 사실을 알아차렸습니다. 뒤처져서는 안 된다고 판단했을 것입니다.

그렇지만 소련은 제2차 세계대전이 끝나기 전까지 핵무기를 완성하지 못했고, 미국도 소련의 과학 기술력을 과소평가하고 있었습니다. 소련은 미국의 예상을 훨씬 앞지른 1949년에 핵무기를 완성했습니다. 1949년 소련이 만든 핵무기는 사실 1945년 미국이 나가사키에 투하했던 핵무기와 거의 같은 구조였습니다. 무슨 의미인지 아시겠나요? 맨해튼 계획에 참여한 연구자 가운데 소련의 스파이가 있었다는 말입니다.

제5장에서 설명했듯 냉전 시작 단계에서 소련은 동유럽으로 세력을 넓혀갔습니다. 핵무기를 만들려면 우라늄 광석이 필요한데, 소련은 국토가 넓은 것에 비해 국내에서 우라늄 광산을 확보하지 못했습니다(이후에 남부의 카자흐스탄 지역에서 발견됩니다). 반면 동유럽과 북한에서는 우라늄이 채굴되었습니다. 소련이 이 지역에 영향력을 확대하려고 했던 이유 중 하나가 짐작됩니다. 냉전 시기 미국과 소련은 핵무기 개발 경쟁을 벌였는데, 오히려 핵 개발 경쟁 자체가 냉전을 초래했다고도 말할 수 있겠지요.

냉전 속에서 미국과 소련은 각각 2만 발 이상의 핵무기를 보유하게 되었습니다. 두 나라가 제2차 세계대전 이후 초강대국으로 부상한 이유 중 하나는 바로 핵무기 대국이었기 때문입니다. 만약 미국과 소련 사이에서 핵무기를 사용한 전쟁, 즉 핵전쟁이 발생했다면 세계는 멸망했을 것입니다. 실제로 1962년 중앙아메리카 쿠바에 배치된 소련의 핵미사일을 둘러싸고 미국과 소련이 핵전쟁의 일보 직전까지 치달은 '쿠바 위기'가 발생했습니다. 이 사건은 케빈 코스트너 주연의 영화 「D-13」에서 생생하게 묘사되고 있습니다.

## 사람보다 무기의 안전이 중요한 '상호 확증 파괴'

미국과 소련이 단순히 핵무기를 보유하고 있다는 사실만으로는 양국 사이에 핵 억지가 성립하지 않습니다. 왜냐하면 한쪽이 먼저 핵 공격을 감행해 상대의 핵전력(핵폭탄과 이를 운반할 수 있는 폭격기나 미사일)을 모두 파괴해버렸다면, 공격받은 쪽은 반격할 수단을 잃게 됩니다. 그렇게 되면 공격한 쪽은 핵 보복을 당할 걱정 없이 상대를 선제공격할 수 있습니다.

게다가 핵미사일은 비행 속도가 매우 빠릅니다. 예를 들어 대륙과 대륙 사이를 오가는 대륙간 탄도 미사일(ICBM)의 속도는 마하 20(음속의 20배) 정도이므로, 상대가 핵미사일을 발사하려는 낌새가 있을 때 서둘러 선제공격을 가하지 않으면 상대의 핵미사일 발사를 막기엔 너무 늦어버립니다. 이러한 과정은 제1차 세계대전 당시 독일이 슐리펜 계획을 발동할 때보다도 훨씬 더 시간에 쫓기는 상황입니다.

핵전력은 파괴력의 규모가 크고 공격에 걸리는 시간은 차원이 다르게 짧으므로 핵전쟁에서는 선제공격하는 쪽이 압도적으로 유리합니다. 오히려 조금만 망설여도 바로 당하게 되지요. 그렇다면 핵무기 보유국끼리 억지가 성립하기는커녕 서로에게 선제공격의 인센티브(유인)가 커지는 '취약성에 의한 핵 전쟁'이 발생할 가능성이 생깁니다. 이는 매우 위험한 상태입니다. 취약성에 의한 전쟁이 핵전력이 아니라 통상 전력(핵과 같은 대량 살상무기를 쓰지 않는 군사력-옮긴이)이었다면 제4장에서 보았듯이 '보장'이라는 방식이 유효할 수 있지만, 핵전력의 경우에는 보장의 유효성이 훨씬 약해진다고 볼 수 있습니다.

그렇다면 취약성에 의한 핵전쟁은 어떻게 막을 수 있을까요? 미국을 대표하는 핵전략가이자 노벨 경제학상 수상자인 토머스 셸링은 "사람들의 안전이 아니라 무기의 안전을 지키는 것이 중요하다"고 말합니다. 사람의 생명보다도 핵무기의 안전을 지키라니, 무슨 의미일까요? 일반적으로는 듣자마자 말도 안 되는 이야기라고 생각할 것입니다. 그러나 셸링의 말에는 좀 더 중요한 전략적 의미가 담겨 있습니다.

핵무기 선제공격을 막으려면, 비록 상대가 핵 공격을 가하더라도 그 최초의 공격에서 살아남아 확실하게 보복할 수 있는 능력을 서로가 갖고 있으면 됩니다. 서로 이런 능력을 보유하고 있다면, 어느 한쪽이 선제 핵 공격을 감행하더라도 결국 양쪽 다 확실하게 파괴된다는 결말에 이르게 됩니다. 그렇게 될 것을 알면서도 무모하게 핵무기 선제공격을 감행할 국가는 없을

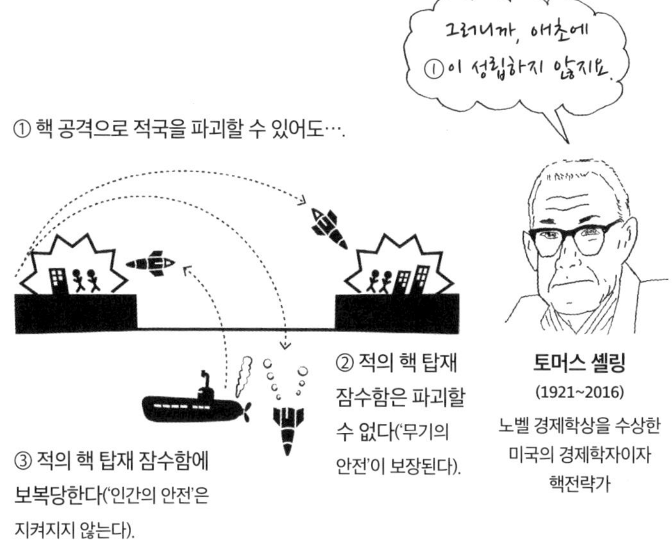


**그림 6-1. 상호 확증 파괴**

것입니다. 여기서 핵심은 '상대의 첫 핵 공격에서 살아남아 확실하게 보복할 수 있는 능력'입니다. 그 대표적 수단이 바로 핵무기를 탑재한 잠수함입니다. 지상의 폭격기와 미사일은 상대의 공격을 먼저 받아 무력화될 위험이 있지만, 전 세계 바닷속 어디에 잠수해 있을지 모르는 핵잠수함을 발견해서 먼저 파괴하기란 거의 불가능하기 때문입니다.

참고로 1960년대 미군은 핵 공격을 받더라도 보복 지령을 내릴 수 있는 정보 통신 네트워크를 개발했습니다. 바로 오늘날 우리가 사용하는 인터넷입니다.

어찌 되었든, 취약성에 의한 핵전쟁 발발을 막으려면 보복 능력을 가진 핵무기의 안전 확보가 최우선으로 필요합니다. 역설적으로 인간의 안전 확보가 오히려 위험을 초래할 수 있기 때문입니다. 왜 그럴까요? 인간의 안전이 확보되었다는 것은 곧 보복이 통하지 않는 상태를 의미합니다. 우리의 보복이 소용없는 일이 된다면, 상대는 선제공격을 하려고 할 가능성이 있습니다. 따라서 셸링은 "사람들의 안전이 아니라 무기의 안전을 지키는 것이 중요하다"라고 말한 것입니다.

실제로 미국과 소련은 1972년 ABM 조약을 체결했습니다. ABM이란 'Anti[반(反)] Ballistic(탄도) Missile(미사일)'의 약자로, 요즘 말하는 탄도 미사일 방어 체계를 의미합니다. 이 조약은 미국과 소련의 ABM 배치를 상호 제한하기 위한 것이었습니다. ABM이 있으면 인간의 안전이 확보되어 보복을 무력화하기 때문에 억지력이 약화된다고 판단했기 때문입니다. 여기서도 '직관에 반하는 논리'를 모르면 핵 억지를 온전히 이해하기 어렵습니다.

이처럼 **설령 상대의 핵 공격을 받더라도 자국의 핵전력을 잔존시켜 상대에게 확실히 보복할 능력이 있으며, 양쪽 모두 그 능력을 보유하고 있기 때문에 어느 쪽이든 최초의 핵 공격을 감행하면**

**결국 서로가 함께 파괴되는 상태를 '상호 확증 파괴'라고 부릅니다.** 핵 억지 분야에서는 이런 독특한 전문용어가 등장하지만, 겁먹지 말고 따라와주시길 바랍니다.

실제로 핵무기가 사용되어 상호 확증 파괴가 일어나면 적국도 자국도 함께 멸망합니다. 최후의 상호 확증 파괴가 보증되어 있다는 사실 자체가 핵전쟁이 불가능하게 만드는 강력한 억지력으로 작용합니다. 상호 확증 파괴에 기초한 핵 억지는 핵무기를 없애는 방법 이외에 핵무기 사용을 억제할 유효한 수단으로 여겨졌습니다. 실제로 UN의 집단 안전 보장이 거의 기능하지 못한 상황에서도 미국과 소련 간 제3차 세계대전이 발발하지 않은 것은 핵 억지 덕분이었다고 해도 과언이 아닙니다.

## 동맹국을 지키는 확장 억지

미국과 소련은 상호 확증 파괴에 기반한 핵 억지를 작동시켜왔습니다. 그렇다면 핵무기를 보유하지 않은 국가는 어떻게 해야 할까요?

일본을 예로 들어보겠습니다. 일본은 실제 핵 공격을 받은 경험이 있는 유일한 국가이기 때문에 핵무기에 반대하는 분위기가 특히 강합니다. 이러한 배경 속에서 일본은 1967년 '비핵

3원칙'을 선언했습니다. "핵무기를 보유하지도, 만들지도, 반입하지도 않는다"라는 세 가지 원칙입니다. 여기서 '반입하지 않는다'라는 말은 외국, 구체적으로는 동맹국 미국이 주일미군 기지와 같은 일본 국내에 핵무기를 반입하는 것조차 허용하지 않는다는 의미입니다.

그러나 이렇게 되면 문제가 생길 수 있습니다. 예를 들어 소련은 핵무기로 보복할 우려가 있는 미국에는 핵 공격을 감행하기 어렵더라도, 핵 보복 우려가 없는 일본을 상대로는 핵 공격을 주저하지 않을 가능성이 있습니다. 혹은 핵 공격의 가능성 자체를 위협 수단으로 삼아 일본에 다양한 요구를 관철하려 할 수도 있습니다.

이 때문에 미국은 **자국에 대한 핵 공격뿐만 아니라, 핵무기를 보유하지 않은 동맹국을 공격할 때도 미국이 핵 보복을 하겠다고 약속함으로써, 동맹국에 대한 핵 공격을 억지**하는 정책을 취해왔습니다. 이를 **'확장 억지'**라고 부릅니다. 핵 억지의 적용 범위를 자국에서 동맹국까지 확장한 개념입니다. 참고로 확장 억지와 대비되는 개념으로, 핵무기 보유국이 자국을 지키는 핵 억지는 '직접 억지'라고 부릅니다.

핵무기 보유국의 동맹국은 확장 억지를 제공받을 수 있다면, 굳이 자국이 핵무기를 보유하지 않아도 됩니다. 확장 억지는 흔히 '핵우산'이라고도 불립니다. '핵우산'이라는 표현 때문에 뉴스에서 가끔 들리는 탄도 미사일 방어 시스템, 즉 해상자위대의 이지스함이나 패트리어트(PAC-3)같이 미사일 요격 시스템으로 격추하는 상황을 떠올릴 수 있지만, 그런 의미가 아닙니다. 일본에 핵미사일을 쏘면 일본이 직접 핵무기로 반격하지는 않지만, 미국으로부터 핵 보복을 당할 것을 상대가 계산하게 됩니다. 그 결과 일본을 향한 핵 공격은 실행되지 않습니다. 바로 이러한 의미에서 '우산'이라고 부르는 것입니다. 미국은 미일 안보 조약을 근거로 해 일본에 확장 억지를 제공하겠다고 약속했습니다. 다시 말해, 일본의 비핵 3원칙은 미국의 '핵우산'과 한 쌍을 이뤄야 비로소 성립한다고 볼 수 있습니다.

미국과 같은 핵무기 보유국이 동맹국에 확장 억지를 제공하는 이유는 동맹의 결속을 공고히 하는 효과뿐 아니라, 설령 동맹국일지라도 타국이 독자적으로 핵무기를 보유해 핵보유국이 증가하는 사태를 미리 방지한다(핵불확산)는 장점도 있기 때문입니다.

## 지키는 자와 보호받는 자의 디커플링

확장 억지에는 항상 어려운 문제가 따라다닙니다. 바로 "확장 억지는 과연 믿을 수 있는가?"라는 문제입니다.

냉전 초기인 1950년대, 미국은 '대량 보복 전략'이라는 핵 전략을 채택했습니다. 대량 보복이란, 동측 진영이 미국의 동맹국을 공격하면 설령 그 공격이 핵무기가 아닌 통상 전력이라 할지라도 핵우산을 펼쳐 동측에 대해 즉각적인 대규모 보복을 취하는 전략입니다.

당시 미국 정부의 핵전쟁 계획에 따르면, 대량 보복은 소련, 중국, 동유럽 지역의 1,000곳이 넘는 공격 지점에 약 3,300발의 핵무기를 발사하는 것을 의미했습니다. 그 결과 소련과 중국에서 약 2억 8,500만 명이 사망하고 약 4,000만 명이 중상을 입을 것으로 예상했습니다. 그뿐만 아니라 동유럽에서도 수백만 명 단위의 사망자가 발생하며 아군인 서측 진영 역시 방사능으로 인한 피해를 피할 수 없을 것입니다. 만약 대량 보복이 실행되었다면, 14세기 몽골 제국 시대에 유라시아 전역이 페스트로 전멸했던 사건이 그나마 덜 참혹하게 느껴질지도 모르겠습니다……

그런데 1960년대에 들어서 이 대량 보복 전략은 철회됩니다. 확장 억지를 성립하기 위해 고안된 대량 보복 전략이 오히려 확장 억지에 대한 신뢰를 떨어뜨리는 것은 아니냐는 의문이 제기되었기 때문입니다. 무슨 뜻인지 설명해보겠습니다. 예를 들어, 소련이 미국의 동맹국인 서독과 프랑스를 공격했다고 가정해봅시다. 대량 보복 전략에 따르면, 미국은 소련에 핵무기를 사용한 대규모 보복을 개시해야 합니다. 그러나 소련 역시 핵 보복 능력을 갖추고 있기 때문에 미국의 대량 보복보다 더한 핵 공격을 미국 본토에 가할 수 있습니다.

여기에서 잠시 서독과 프랑스가 소련의 공격을 받았던 시점으로 시곗바늘을 되돌려보겠습니다. 이 단계에서 미국 본토는 아직 공격받지 않았습니다. 이때 만약 소련의 공격을 보고도 미국이 개입하지 않는다면, 최소한 미국 본토는 소련의 핵 공격으로부터 안전하게 지킬 수 있습니다. 즉, 동맹국에 확장 억지를 제공하려다가 오히려 미국 자국이 위험에 빠질 수도 있다는 말이 됩니다. 이렇게 되면 미국은 "나중에 우리나라가 잿더미가 될 위험을 감수하면서까지 소련의 서유럽 침공에 대규모 핵 보복을 실행할 것인가?"라는 합리적 의문이 생깁니다. 이것이 바로 제3장에서 살펴본 '동맹의 딜레마' 가운데 '휘말림'의 공포가 확장 억지를 제공하는 쪽(여기서는 미국)에 작용하는 상황입니다.

확장 억지는 억지를 제공하는 쪽과 제공받는 쪽이 운명 공동체, 즉 하나의 커플이 될 때 비로소 성립합니다. 그런데 시간이 지나며 확장 억지를 제공하는 쪽인 미국의 상황과 제공받는 쪽인 서유럽의 상황이 달라질 가능성이 생깁니다. 즉, 두 나라가 더 이상 하나의 커플로 기능하지 못할 가능성이 생긴다는 의미입니다. 이러한 상태를 영어에서 부정을 뜻하는 접두사 'de'를 붙여 **'디커플링**(decoupling)**'**이라고 부르는데, **'확장 억지의 제공자와 수혜자 간 이해관계가 일치하지 않는 상태'**를 가리킵니다.

여기서 중요한 문제는 미국의 서유럽 동맹국이 '버려짐'의 공포로 불안해지는 상황 그 자체보다, 소련의 시각에서 볼 때 미국과 서유럽 동맹국 사이에 디커플링이 발생해 미국의 확장 억지가 제대로 작동하지 않는 상황이 오히려 합리적으로 보인다는 점입니다.

대량 보복 전략은 본래 미국이 서유럽에 제공하는 확장 억지가 제대로 작동할 때, 소련을 위협해서 서유럽 침공을 효과적으로 억지하기 위한 전략이었습니다. 그러나 대량 보복 전략을 채택함으로써 소련은 "미국과 서유럽 동맹국 사이에 디커플링이 발생하지는 않을까?"라는 합리적 의문을 품게 되고, 그 결과 소련의 서유럽 침공을 억지하는 힘이 오히려 약화될 우려가 생긴 것입니다.

이러한 문제의식 속에서 등장한 것이 바로 '유연 반응 전략'입니다. 대량 보복 전략은 동측 진영이 통상 전력으로 침공할 때도 대규모 핵 보복으로 대응하는 전략이었다면, 유연 반응 전략은 '확전의 사다리'라고 불리는 '단계적인 전쟁 확대의 사다리'를 상황에 따라 오르락내리락하는 전략입니다.

구체적으로 말하면, 상대가 핵전력이 아닌 통상 전력으로 공격해 오면 우리도 우선 통상 전력으로 대응합니다. 통상 전력 간 충돌로 분쟁이 수습된다면 다행이지만, 만약 분쟁이 더 확대되더라도 곧바로 상호 확증 파괴, 즉 전략핵 대 전략핵의 전면 대결 단계까지 사다리를 올라가는 것이 아니라 비전략핵을 사용한 제한적 핵전쟁 단계를 끼워 넣습니다. 여기서 전략핵이란 미국과 소련이 서로의 도시를 직접 공격하는 데 사용되는 핵무기를 말하며, 비전략핵은 비교적 위력이 작은 그 외의 핵무기, 즉 핵의 사용 범위가 전장에만 국한되어 제한적 핵전쟁에서의 사용을 상정한 무기입니다.

이처럼 최초의 군사 충돌부터 미국과 소련의 공멸에 이르기까지 여러 단계를 설정하고 단계마다 유연하게 대응하는 전략은 대량 보복 전략보다 미국의 보복 의지를 현실적으로 만들고 확장 억지에 대한 신뢰를 높일 수 있다는 점에서 재평가되었습니다.

그렇다고 하더라도 디커플링의 우려가 완전히 사라졌다고 보기는 어렵습니다. 따라서 확장 억지를 제공하는 쪽과 제공받는 쪽이 평소에 서로 긴밀하게 논의하는 것이 무엇보다 중요하다고 할 수 있습니다.

대량 보복 전략에서 유연 반응 전략으로의 전환은 실제로 미일 관계에도 영향을 미쳤습니다. 미국은 일본과 1951년 제2차 세계대전의 강화 조약인 샌프란시스코 강화 조약을 체결한 이후에도 20년이 넘는 기간 동안 오키나와를 통치했으며, 그사이 오키나와에 약 1,200발 이상의 핵탄두(미사일의 머리 부분에 장착하는 핵폭발 장치)를 반입했습니다.

1972년 오키나와가 일본으로 반환되면서 이 핵탄두들은 모두 오키나와에서 철수되었습니다. 일본으로 반환된 오키나와에 핵무기를 배치하면 일본의 비핵 3원칙에 어긋나기 때문입니다. 다만 오키나와에서 미국의 핵무기가 철수된 이유가 일본이 비핵 3원칙을 내세웠기 때문만은 아니었습니다.

미국이 오키나와에 핵무기를 배치했던 본래 목적은 아시아에서 동측 진영과 가까운 오키나와를 거점으로 대량 보복 전략을 실행하기 위해서였습니다. 그러나 미국의 핵전략 자체가 유연 반응 전략으로 전환되면서 상황이 달라졌습니다. 첫 공격에서 사용하지도 않을 핵무기를 오키나와에 배치해두어도 의미가 없을 뿐만 아니라 오히려 적의 선제공격에서 먹잇감이 될 수 있기 때문에 먼 후방으로 이동시킬 필요가 생겼습니다.

어찌 되었든 확장 억지의 제공자와 수혜자 사이에 디커플링이 발생할 수 있다는 합리적인 의문이 제기되자, 확장 억지의 신뢰는 저하되었고 그만큼 적국에 대한 억지의 실효성도 약해졌습니다.

실제로 최근 우려되는 북한의 핵무기 개발 문제에서도 가장 중요한 초점이 바로 여기에 있습니다. 북한은 지금까지 핵실험과 미사일 발사 실험을 반복하며 자국의 핵 능력을 점차 강화해왔습니다.

핵 보복을 당할 우려가 없는 한국이나 일본을 핵으로 공격하는 경우, 양국의 동맹국인 미국이 보복에 나설 가능성이 있기 때문에 북한에는 확장 억지가 작동하고 있다고 볼 수 있습니다. 이때 북한의 핵미사일이 미국 본토에 도달하지 않는다면,

미국은 안전한 장소에서 북한에 보복할 수 있으므로 북한에 대한 억지는 강하게 작용합니다. 그러나 북한의 핵미사일이 미국 본토까지 도달할 수 있게 된다면, 확장 억지의 제공자인 미국과 이를 제공받는 한국·일본 사이에 디커플링이 발생할 우려가 커집니다.

따라서 북한의 핵 개발 문제에서는 북한이 미국을 상대로 핵 보복 능력을 강화하는 것을 저지할 수 있느냐가 가장 중요한 쟁점이지만, 북한이 이에 대응하지 않는 탓에 안타깝게도 순조로운 상황이라고 말하기는 어려운 것이 현실입니다.

## 제한적 분쟁으로 이어질 수 있는 '안정·불안정의 역설'

디커플링과 관련해 특히 우려되는 부분은 한반도에서 **'안정·불안정의 역설'**이라고 불리는 현상이 발생할 수 있다는 점입니다(읽다가 지치신 분은 이쯤에서 주스라도 한 잔 마시고 숨을 돌리셔도 좋겠습니다). 여기서 역설이란, 이 책에서도 가끔 등장하는 '직관에 반하는 논리'를 의미합니다.

만약 북한이 미국 본토를 공격할 수 있는 핵 보복 능력을 갖추었다고 가정해봅시다. 그렇다면 미국이 북한을 억지하는 동시에 북한 역시 미국 본토를 완전히 파괴해 없애버리지는 못하더라도 미국을 일정 수준 억지할 수 있는 상태가 됩니다. 그 결과 미국과 북한 사이에서 서로 핵 공격을 주고받는 사태가 벌어질 가능성은 낮아지고 겉으로 보기에는 양측의 관계가 안정된 것처럼 보일 수 있습니다. 그러나 그 이전까지는 북한이 핵전쟁으로 이어지지 않을 정도의 제한적 분쟁에 나서는 것조차 미국의 핵전력으로 억지되어왔다면, 이제는 그런 억지가 항상 작동한다고는 장담할 수 없게 됩니다.

예를 들어, 사람이 거의 살지 않는 일본의 시골 지역에 북한이 미사일을 발사해 소 세 마리가 죽는 피해가 발생했다고 해봅시다. 이때 북한은 미국이 과연 이 정도 사태에 핵으로 보복할 것인가 하는 의문을 가질 수 있습니다. 일본 시골에서 희생된 소 세 마리와 일본을 대신해 북한에 핵 보복을 가함으로써 미국 자신이 더 큰 핵 보복을 당할 위험은 결코 같은 무게로 비교될 수 없기 때문입니다.

이처럼 '서로가 핵 보복 능력을 보유함으로써 전면적인 핵전쟁이 될 가능성은 낮아져 양측의 관계는 안정된 듯 보이지만, 오히려 제한적 분쟁이 발생하기 쉬워져 불안정성이 커지는 현상'이 바로 '안정·불안정의 역설'입니다.

'안정·불안정의 역설'은 현재 우크라이나 전쟁에서 실제로 나타나고 있는 것으로 보입니다. 핵무기 보유국인 러시아는 핵을 보유하지 않은 우크라이나를 침공했으므로 핵으로 보복당할 우려 없이 우크라이나에 핵무기를 사용할 수도 있습니다.

이에 대해 NATO는 우크라이나와 정식 동맹 관계는 아니지만 우크라이나를 지원하고 있으며, 만약 러시아가 우크라이나에 핵무기를 사용하는 경우 대응할 것이라고 표명했습니다. NATO가 말하는 '대응'에는 NATO의 핵무기를 이용한 보복이 포함되어 있을 가능성이 있으며, 적어도 러시아의 푸틴 대통령은 그 가능성을 고려하지 않을 수 없기에 현재로서는 러시아의 우크라이나 핵 공격이 억지되고 있습니다.

그러나 러시아 역시 NATO를 상대로 핵 보복 능력을 갖추고 있기 때문에 핵전쟁으로 발전하지 않을 정도의 제한적 분쟁에 러시아가 뛰어드는 것 자체를 막을 수는 없습니다. 러시아와 NATO의 관계는 핵전쟁이 일어나지 않는다는 점에서는 겉으로 안정되어 보이지만, 바로 이러한 상황 때문에 그보다 낮은 수준의 우크라이나 침략을 막지 못했고, 동유럽은 불안정한 상태에 놓이게 되었습니다.

동아시아에서도 마찬가지입니다. 만약 핵무기 보유국인 중국이 대만을 침공하며 러시아가 우크라이나에서 그랬듯 핵의 위협을 전면에 내세운다면, 대만을 지원하는 미국과 중국 사이에서 핵전쟁까지 벌어지지는 않겠지만, 중국이 통상 전력으로 대만을 침공하는 것 자체는 억지하지 못할 위험이 있습니다.

그러므로 이와 같은 '안정·불안정의 역설' 아래에서는, 통상 전력 수준에서 억지가 작동하도록 만드는 것이 중요하다고 할 수 있습니다.

## 거부적 억지로서의 미사일 방어

지금까지 설명한 상호 확증 파괴와 확장 억지는 핵 억지 중에서도 '**징벌적 억지**'라고 불리는 카테고리에 속합니다. 징벌적 억지란 '**적국에 막대한 피해를 주겠다, 즉 징벌을 가하겠다고 위협하여 상대의 공격을 억지하는 방식**'입니다. 이에 반해 '**거부적 억지**'라는 형태도 존재합니다. 거부적 억지란, '**적국의 공격을 물리적으로 저지(거부)할 수 있기 때문에, 공격해도 소용없다고 상대가 판단하게 만들어 억지하는 방식**'을 말합니다.

거부적 억지의 전형적인 사례가 바로 일본에도 배치된 미사일 방어입니다. 만약 일본의 미사일 방어 체계가 완벽하여 일본을 향해 발사된 핵미사일을 모두 요격할 수 있다면, 아무리 공격해도 소용없는 일이므로 일본에 핵미사일을 쏠 생각조차 하지 않을 것입니다.

거부적 억지는 징벌적 억지에 비해 핵무기에 대한 거부감이 강한 일본 사회에서도 상대적으로 받아들이기 쉬운 억지 방식입니다. 그러나 안타깝게도 미사일 방어 시스템은 결코 완벽하지 않습니다. 더구나 북한, 중국, 러시아는 현재의 미사일 방어 체계를 돌파할 수 있는 신형 미사일을 계속 개발하고 있습니다. 그렇게 되면 끝없는 악순환으로 빠져들 수밖에 없습니다.

거부적 억지도 중요하지만, 그 자체만으로는 충분하지 않기 때문에 징벌적 억지(일본의 경우는 미국이 제공하는 확장 억지)와 결합한 억지 구조가 형성되어왔습니다.

## '공포의 확산'보다도 '공포의 독점'

국제 사회에서는 핵 억지가 형성되는 한편, 핵무기 보유국을 더 이상 늘리지 않기 위한 핵불확산 노력도 함께 발전해왔습니다. 핵무기가 확산되면 그만큼 핵무기의 발사 버튼에 손이 닿을 기회도 늘어나 위험이 커지기 때문입니다.

이러한 문제의식 속에서 1968년 핵확산금지조약(NPT)이 체결되었습니다. 핵확산금지조약에서는 해당 조약이 체결된 시점에 핵무기를 보유하고 있던 미국, 소련, 영국, 프랑스, 중국에 대해서만 핵무기 보유를 인정하고 그 밖의 국가가 핵무기를 보유하는 것은 금지했습니다. 참고로 핵확산금지조약에서 핵무기 보유를 인정받은 다섯 나라는 UN 안보리 상임 이사국 멤버와 일치합니다.

이 다섯 나라 이외의 국가, 즉 북한이 핵무기를 보유하면 핵확산금지조약 위반이 되므로 북한은 UN 안보리 결의안에 근거한 경제 제재를 받고 있습니다. 중동의 이란 역시 핵 개발을 진행해왔기 때문에 UN 안보리 결의안에 따라 경제 제재 대상이 되었습니다. 만약 일본이 비핵 3원칙을 폐기하고 핵무기를 보유한다면, 역시 핵확산금지조약 위반이 되어 UN으로부터 제재를 받게 됩니다.

미국과 소련 등 다섯 나라만 핵무기를 보유할 수 있고, 그 밖의 국가는 허용하지 않는다는 원칙은 분명 불공평해 보입니다. 그러나 이를 철저히 공평하게 하자면 '모든 국가가 핵무기를 보유하지 않거나, 혹은 모든 국가가 핵무기를 보유하거나'라는 두 가지 선택지 중 하나가 될 수밖에 없습니다. 현실적으로 핵무기 폐기가 어렵다는 점을 고려하면 공평함을 지나치게 중시하는 태도는 오히려 핵 확산을 초래할 위험이 있습니다.

즉, 모든 국가가 공평하게 핵무기를 보유하는 '공포의 확산'보다는, 불공평하지만 핵보유국의 수를 제한하는 '공포의 독점'이 더 낫다는 판단이 현재의 핵 확산 금지 체제의 기본 구조가 되었습니다. UN에서 P5의 거부권이라는 불공평함을 인정하는 것과 마찬가지로, 주권 국가 시스템 속에서 현실적인 필요에 따라 불평등을 받아들인 상황입니다.

그러나 실제로 핵확산금지조약에 처음부터 가입하지 않았던 인도와 파키스탄이 핵무기를 보유하게 되었고, 북한과 이란 역시 핵 개발을 추진해왔습니다. 그 결과 핵확산금지조약이 전제로 했던 '공포의 독점'은 무너지고 '공포의 확산'이 생겨나고 있습니다. 또한 이스라엘이 핵무기를 보유하고 있다는 사실 역시 이제는 공공연한 비밀이 되었습니다.

## 핵 군축의 함정

핵불확산 노력과 더불어 핵무기의 수를 늘리지 않기 위한 핵 군비 관리, 핵무기의 수를 줄이기 위한 핵 군축 논의도 함께 진행되었습니다.

핵 군비 관리의 대표적인 사례로는 1963년 서명된 '부분적 핵실험 금지 조약(단, 지하에서의 핵실험은 허용됨)'과 1972년 서명된 '전략 무기 제한 협정(SALT)'이 있습니다. 또한 1987년에는 '중거리 핵전력(INF) 조약'이, 냉전 종식 이후인 1991년에는 '전략 무기 감축 협정(START)'이 체결되면서 실제로 핵 군축이 이루어져왔습니다.

그러나 이러한 노력에도 분명히 한계가 존재합니다. 1996년 UN은 부분적 핵실험 금지 조약을 강화한 '포괄적 핵실험 금지 조약'을 채택하기로 했지만, 참가국이 적어 여전히 조약으로서 유효성을 발휘하지 못하고 있습니다. 미국과 소련(러시아)의 대립이 심화되면서 SALT와 INF 조약은 사실상 폐기되었고, START 역시 기한이 설정되었습니다.

핵 군축 문제는 단순한 방법으로는 해결하기 어렵습니다. 미국과 러시아 사이에 핵 군축이 진행되면 오히려 세계 전체의 핵 군축에서 역효과를 낳을 위험이 있기 때문입니다. 이 부분도 자세히 설명해보겠습니다.

현재 미국과 러시아는 각각 5,000발 정도의 핵탄두를 보유하고 있고, 냉전 시대 이후 두 나라 사이에는 상호 확증 파괴가 성립되었다고 볼 수 있습니다. 이에 비해 세 번째 핵 강국인 중국이 보유한 핵탄두의 수는 약 600발로 알려져 있으며, 미국과 러시아에 비해 상당한 격차가 존재합니다.

여기서 만약 미국과 러시아가 핵탄두의 수를 3,000발 정도까지 줄인다면 어떻게 될까요? 중국도 여기에 발맞춰 핵 군축에 동참해줄까요? 안타깝게도 그렇게 될 가능성은 크지 않습니다. 중국의 입장에서 보면, 오히려 이 시점에 핵전력을 한꺼번에 증강하여 미국·러시아와 격차를 줄이고 두 나라와 상호 확증 파괴 관계를 구축할 기회가 되기 때문입니다. 즉, **두 핵 강국 사이의 핵 군축은 오히려 3등에게 핵 군확의 인센티브를 제공**할 위험이 있습니다.

만약 중국의 계획대로 미국과 러시아에 중국까지 더해진 세 나라 사이에서 상호 확증 파괴가 성립한다면, 상황은 어떻게 될까요? 잠시 제3장에서 살펴본 제1차 세계대전 직전 유럽의 상황을 떠올려봅시다. 프랑스와 러시아 사이에 끼어 있던 독일은 두 나라가 연합해 독일을 공격할 것이라는 최악의 사태를 염두에 두고 전쟁에 대비했습니다. 그러자 프랑스와 러시아 역시 각각 최악의 시나리오를 대비하게 되었고, 세 나라는 서로 군확 경쟁을 멈출 수 없는 '안전 보장의 딜레마'에 빠져들었습니다. 이 논리를 적용해보면, 가령 미국은 다른 두 나라, 여기서는 러시아와 중국이 손을 잡는 최악의 상황을 염두에 두고 핵탄두 수를 유지해야만 합니다. 이는 러시아도 중국도 마찬가지입니다.

즉, 상호 확증 파괴 관계를 형성할 수 있는 국가가 두 나라에서 세 나라로 늘어나는 순간, '핵의 안전 보장 딜레마'가 발생할 우려가 커지며 미국·러시아·중국 사이에서 핵 군확의 소용돌이가 발생하게 됩니다. 핵 군축이 역효과를 낳을 수 있다는 말은 바로 이러한 상황을 가리킵니다.

## 핵무기를 쓰지 못하게 하려면

2009년, 미국의 오바마 대통령은 체코의 수도 프라하에서 핵무기 폐기를 목표로 하는 비전 연설을 했습니다. 또 2021년에는 '핵무기 금지 조약'이 발효되었습니다. 그러나 오바마 정부에서는 핵 폐기는커녕 핵 군축조차 진행되지 않았습니다(그 이유는 앞서 설명한 대로입니다). 핵무기 금지 조약 역시 핵무기 보유국들이 참여하지 않았기 때문에 현실적으로는 유효한 힘을 갖지 못했습니다.

냉전 종식 이후에도 UN의 집단 안전 보장이 제대로 기능하지 않는 가운데, 제3차 세계대전이 발생하지 않았던 이유는 핵 억지가 작동했기 때문입니다. 이는 일종의 힘의 균형이지만, 19세기 유럽에서 작동했던 세력 균형과는 달리 지구와 전 인류

자체를 인질로 삼은 '공포의 균형'으로 볼 수 있습니다.

이 장에서 소개한 상호 확증 파괴는 영어로 'Mutual(상호 간의) Assured(확증된) Destruction(파괴)'이라고 하며 앞 글자를 따서 MAD라고도 부릅니다. 사실 이 단어는 영어에서 또 다른 의미가 있습니다. 바로 '광기의'라는 뜻입니다. 즉, 지구와 전 인류를 인질로 삼아 성립하는 안전 보장은 광기(mad)라고 말하고 있는 셈입니다. 스탠리 큐브릭 감독의 영화 「닥터 스트레인지러브」는 이러한 핵 억지의 광기를 탁월하게 그려낸 명작으로 평가받습니다.

냉전이 끝나고 인류는 핵무기에 의한 광기 어린 안전 보장에서 해방된 듯 보였습니다. 그러나 이후에도 북한을 비롯한 여러 나라에서 핵 확산이 이루어졌고, 러시아는 우크라이나 침략에 핵을 위협 수단으로 사용하고 있습니다. 우리의 삶은 여전히 핵무기의 공포와 이웃한 상태에 놓여 있습니다. 더구나 핵 억지는 '국가들은 합리적으로 행동한다'라는 전제를 바탕으로 성립하기 때문에 "비합리적인 지도자가 핵무기를 사용할 위험은 없을까?"라고 묻는다면 "전혀 없다"라고 단언하기는 어렵습니다.

참고로 이 책에서는 '국가들은 합리적으로 행동한다'라는 가정을 전제로 두고 논의를 전개해왔습니다. 이 전제는 세력 균형과 억지라는 키워드를 이해하는 데 필수적이며 기본적으로 틀린 말은 아니지만, 엄밀히 따지면 100% 옳은 전제는 아니라고 덧붙이겠습니다.

여기에 더해 사고의 가능성도 항상 도사리고 있습니다. 실제로 냉전 중이던 1979년, 미국에서 전화 교환원의 실수로 미국이 소련의 핵 공격을 받고 있다는 정보가 흘러나와, 보복을 위한 전투기가 출격하는 사건이 일어났습니다. 소련에서도 1983년 보복용 미사일이 발사될 뻔한 적이 있었습니다. 미사일 공격을 탐지하는 자동 계기 시스템이 구름에 반사된 태양광을 미국에서 발사한 탄도 미사일에서 나온 빛이라고 착각한 것입니다.

현재로서는 핵무기 폐기라는 이상이 가까운 시일 내에 실현될 전망도 보이지 않는 것이 현실입니다. 결국 중요한 것은 핵무기의 존재를 전제로 하면서도 실제 사용되지 않도록 하는 상태를 얼마나 오래 유지할 수 있는가에 달려 있습니다.

# 제 7 장

# 전쟁은 어떻게 끝날까?

## - 전쟁 종결

# 끝이 보이지 않는 전쟁

현재 러시아의 우크라이나 침공이 어떻게 끝날 것인가에 전 세계의 관심이 집중되고 있습니다. 푸틴 대통령은 침략을 멈출 기미가 없고, 우크라이나는 저항을 이어가고 있습니다. 한편으로는 지금 당장 정전해야만 한다고 주장하는 '즉시 정전론'도 제기되고 있습니다.

세계의 권력관계를 고려할 때, 우선은 '전쟁을 막는 방법'부터 고민해야 합니다. 이 책에서는 세력 균형과 집단 안전 보장, 핵 억지라는 장치와 그 결함을 함께 설명했습니다. 그러나 전쟁을 막는 법만 고민해서는 충분하지 않습니다. 만약 불행하게도 전쟁이 이미 일어나버렸다면, 그 전쟁을 어떻게 끝낼 것인가도 함께 생각해야 하기 때문입니다. 앞서 말한 인형극 속 소녀도 만약 아시아·태평양에서 제2차 세계대전이 조금 더 빨리 끝났더라면 핵무기로 인한 비극을 겪지 않아도 되었을 것입니다. 그렇다면 '전쟁을 끝내는 방법'에는 어떤 것이 있을까요?

## 전쟁 종결의 딜레마 - '분쟁 원인의 근본적 해결'인가, '타협적 평화'인가

전쟁 종결을 생각하기에 앞서, 과거의 전쟁은 어떻게 끝났는지 되돌아보면 큰 참고가 됩니다. 그러나 단순히 "○○ 전쟁은 한쪽이 적국을 제압하면서 끝났습니다", "×× 전쟁에서는 휴전 협정이 체결되었습니다", "△△ 전쟁은 이런 방식으로 끝났습니다"와 같이 사실만을 나열하는 데 그친다면, 결국 "전쟁마다 다양한 종결 방식이 존재합니다"같이 두서없는 결론으로 끝나고 말 것입니다. 다양한 전쟁의 종결 방식을 체계적으로 정리해 이해할 수 있도록, 이 책에서는 '전쟁 종결의 딜레마'라는 분석 렌즈를 소개하고자 합니다.

부연 설명을 하자면, 개인적인 이야기라 송구스럽지만, 저는 2010년대 초반 총리 관저 소속으로 안전 보장과 위기관리 업무를 담당한 적이 있습니다. 그 당시에 앞으로의 일본 안보를 생각할 때 전쟁을 막는 방법, 이른바 '입구' 문제뿐만 아니라 이미 일어난 전쟁에서 어떻게 빠져나올 것인가에 해당하는 '출구' 문제 역시 함께 논의해야 하지 않을까 생각했습니다.

실제로 일본에서는 전쟁 종결을 주제로 한 연구가 거의 이루어지지 않았습니다. "전쟁 종결을 연구한다니, 전쟁을 시작할 생각이라도 있는 것 아니냐!"라며 오해를 살 가능성 때문이기도 합니다. 그래서 저는 관저에서의 업무를 끝내고 연구 생활로 돌아온 뒤 전쟁 종결 연구에 착수했고, 그 결과 지금 소개하고 있는 '전쟁 종결의 딜레마'라는 분석 렌즈에 도달하게 되었습니다. 이 렌즈를 통해 보면 전쟁의 종결 방식은 크게 두 가지로 나눌 수 있습니다. 하나는 '분쟁 원인의 근본적 해결', 그리고 다른 하나는 '타협적 평화'입니다.

여기서 우선, 싸우고 있는 두 세력 가운데 우세한 쪽에서 생각해보겠습니다. 전쟁이란 결국 힘과 힘의 충돌인 만큼 힘이 강한 쪽의 관점에서 흐름을 파악하는 편이 이해하기 쉽기 때문입니다. 우세한 세력의 시각에서는 열세에 놓인 교전 상대를 무자비하게 제압해 다시 일어서지 못하는 상태로 만드는 것이 가장 바람직한 선택으로 보입니다. 그렇게 하면 그 상대와는 앞으로 두 번 다시 전쟁을 치르지 않아도 되기 때문입니다. 다시 말해, 장래의 화근을 뿌리 뽑을 수 있는 방식입니다. 교전 상대에 완전한 승리를 거두고 무조건 항복을 강요함으로써 미래의 위협을 제거하는 전쟁 종결 방식이 바로 '분쟁 원인의 근본적 해결'입니다.

예를 들어 제4장에서 살펴본 것처럼, 제2차 세계대전 당시 연합국은 교전 상대였던 나치 독일의 수도 베를린을 함락시키고, 히틀러를 자살로 몰아넣어 독일의 주권 자체를 소멸시킬 때까지 전쟁을 계속했습니다. 아시아·태평양에서의 전쟁 역시 일본의 무조건 항복으로 종결되었기 때문에 이 카테고리에 포함됩니다.

그러나 아무리 우세한 세력이라 하더라도, 교전 상대를 완전히 무너뜨리려면 자신도 그에 상응하는 대가를 치러야만 합니다. 수많은 병사가 목숨을 잃는 등 희생을 각오해야 하는 법이지요. 희생을 감당하기 어렵다면, 장래에 화근이 남을 수 있다는 위험을 알면서도 교전 상대와 타협하여 도중에 전쟁을 끝내는 선택지가 생깁니다. 바로 '타협적 평화'라는 종결 방식입니다.

제5장에서 설명한 1991년 걸프 전쟁 때 다국적군은 쿠웨이트를 침공한 이라크군을 공격하던 도중에 중단했고, 쿠웨이

트 침공을 지시한 이라크의 사담 후세인 대통령의 정치 체제는 결과적으로 존속하게 되었습니다. 이라크의 수도 바그다드까지 공격을 확대하면 다국적군의 희생이 훨씬 늘어날 수 있었기 때문입니다. 그러나 이 선택은 미국 측에 장래의 화근을 남기는 형태가 되었고, 결국 2003년 미국을 중심으로 한 유지연합군은 다시 한번 후세인 정권과 싸워야만 했습니다. 이것이 바로 이라크 전쟁입니다.

## '장래의 위험'과 '현재의 희생' 사이의 균형

결국 전쟁의 종결 형태는 '분쟁 원인의 근본적 해결' 또는 '타협적 평화'라는 두 방향 중 한쪽으로 기울어집니다. 어느 쪽을 택할지는 우세한 세력이 '장래의 위험'과 '현재의 희생' 사이의 균형을 어떻게 평가할 것인가에 달려 있습니다.

전쟁에서는 우세한 세력이 교전 상대를 살려두면 훗날 그 상대와 더 큰 전쟁을 치러야 할지도 모를 '장래의 위험'을 우려할 수 있습니다. 이때 전쟁을 지속하더라도 자국군의 '현재의 희생'이 작거나 감수할 수 있다고 판단되면, 우세한 세력은 '분쟁 원인의 근본적 해결'을 목표로 전쟁을 계속하려 할 것입니다.

반대로 '현재의 희생'이 큰 것에 비해 교전 상대와 타협함으로써 떠안게 될 '장래의 위험'이 그만큼 크지 않다고 판단된다면 '타협적 평화' 쪽으로 기울게 됩니다.

제2차 세계대전 당시 연합국은 유럽 전역에서 전쟁을 일으킨 나치 독일이 가진 '장래의 위험'은 지극히 크다고 판단했고, 지금 당장 피를 흘리더라도 나치의 숨통을 끊어놓지 않으면 안된다는 결론을 내렸습니다. 반대로 걸프 전쟁에서 미국은 바그다드까지 공격을 확대해서 '현재의 희생'이 지나치게 커지는 상황을 피하고자 했습니다. 또한 전쟁에서 패한 사담 후세인 정권이 자국민의 지지를 잃어 머지않아 붕괴할 것으로 보고, '장래의 위험'을 가볍게 평가했습니다(결과적으로 이 예상은 빗나갔고, 후세인 정권은 존속했습니다).

전쟁의 종결 방법은 유럽에서 벌어진 제2차 세계대전과 같이, 한쪽(연합국)이 다른 쪽(독일)을 완전히 무너뜨리는 경우도 있고, 걸프 전쟁처럼 그렇지 않은 경우도 있듯 다양합니다. 그러나 사실 자세히 살펴보면 어느 전쟁이든 결국 '장래의 위험'과 '현재의 희생' 사이의 균형을 어떻게 판단하는가에 따라 끝이 결정된다는 점에서는 같습니다.

문제는 여기서 발생합니다. **'장래의 위험'을 제거하기 위해**

'분쟁 원인의 근본적 해결'을 목표로 하면 지금 싸우고 있는 전쟁에서 자신들이 희생을 감수해야만 합니다. 반대로 '현재의 희생'을 피하기 위해 '타협적 평화'를 선택하면 미래에 발생할 수 있는 위험과 공존해야만 합니다. 전쟁의 종결 방식은 이처럼 **'전쟁 종결의 딜레마'** 속에서 선택될 수밖에 없다는 점에서 어려움이 있습니다.

## 우세 세력과 열세 세력이 주고받는 영향

지금까지 연합국의 시선에서 본 '분쟁 원인의 근본적 해결', 혹은 다국적군 입장에서 본 '타협적 평화'를 살펴보았습니다. 즉, 강자의 시선입니다. 그렇다면 약자는 전쟁의 종결 형태에 아무런 영향을 미칠 수 없을까요?

이라크 전쟁에서는 걸프전 때와 달리 미국을 중심으로 한 유지연합군이 압도적인 전력으로 극히 단기간에 후세인 정권을 완전히 무너뜨렸습니다. 이처럼 승패가 명확하거나 우세한 세력이 '분쟁 원인의 근본적 해결'의 '가장 극단적인 형태'를 강력하게 밀어붙이는 경우, 일단 전쟁이 시작되면 열세 세력(후세인 측)이 취할 수 있는 대응 수단은 매우 제한됩니다. 애초에 패자는 승자에게 '분쟁 원인의 근본적 해결'을 강요할 수 없습니다.

또한 미국이 이라크 전쟁에서 바그다드를 함락시키고 후세인 체제를 타도하는 '분쟁 원인의 근본적 해결' 방식을 고집했던 이유는, 이라크가 핵무기 같은 대량살상무기를 보유하고 있어 그 무기가 테러리스트의 손에 넘어가면 미국이 위험에 처할 것을 우려했기 때문입니다. 이라크 전쟁에 앞서 9·11 테러 사건이 발생하면서, 미국 사회에서는 테러에 대한 공포가 널리 확산되어 있었던 점도 영향을 미쳤습니다.

그러나 모든 전쟁이 이라크 전쟁과 같은 양상으로 전개되는 것은 아니며, 열세한 세력이 우세한 세력의 판단에 영향을 미칠 때도 있습니다. 열세한 세력은 상대에게 '분쟁 원인의 근본적 해결'을 강요받기보다는 '타협적 평화'의 형태로 전쟁을 끝내기 위해 두 가지 전략을 취할 수 있습니다. 우세한 세력이 우려하는 '장래의 위험'은 존재하지 않는다고 설득하거나, 아니면 저항을 지속해 상대의 '현재의 희생'을 늘리는 것입니다.

이 과정에서 열세한 세력이 어떻게 나오느냐에 따라, 우세한 세력은 '장래의 위험'과 '현재의 희생' 중 어느 쪽을 더 중시할 것인지 신중하게 저울질합니다. 열세 세력과 타협할 것인가, 아니면 희생이 늘어날 가능성을 감수하면서 타협하지 않을 것인가라는 선택에 직면하게 되지요. 여기서 우세 세력과 열세 세력의 대응이 서로에게 영향을 주게 됩니다.

제5장에서 잠시 언급했던 한국 전쟁은 공산군(중국·북한 측)과 UN군·한국군 사이에서 벌어진 전쟁이었습니다. 이 전쟁에서 미국을 비롯한 여러 나라가 '연합군'의 이름으로 한국 측에 참전했습니다(북한의 후견국인 소련이 안보리에 불참하면서 거부권이 행사되지 않았습니다). 공산군은 우세한 세력이었던 UN군과 한국군을 상대로, 전선이 교착 상태에 빠질 정도로 저항했습니다.

사실 이러한 교착 상태는 UN군이 마음만 먹으면 핵무기를 사용해 공산군을 모조리 제거할 수도 있는 상황이었습니다. 실제로 UN군 사령관이었던 더글러스 맥아더 장군(당시 일본 점령군의 최고 책임자이기도 했습니다)은 핵무기를 사용해야 한다고 강력하게 주장했습니다. 그렇게 하면 북한을 완전히 무너뜨릴 수 있으며, 한국이 한반도를 통일해 '분쟁 원인의 근본적 해결'을 실현할 수 있다는 논리였습니다.

그러나 핵무기를 사용하는 사태가 벌어지면, 미국은 중국뿐만 아니라 소련과의 전면전을 각오해야 하며 그에 따른 막대한 희생이 발생할 가능성이 생깁니다. 미국은 이러한 위험을 고려해, 북한이라는 '장래의 위험'과 공존하더라도 '타협적 평화'를 택하는 편이 낫다고 판단했습니다. 그 결과 1953년 휴전 협정이 체결되었고, 오늘날에도 한국과 북한은 한반도 중앙을 가로지르는 북위 38도선 인근의 군사분계선을 사이에 두고 대치하고 있습니다.

베트남 전쟁의 종결 방식 역시 한국 전쟁과 비슷했습니다. 미국과 적대 관계이던 북베트남은 막대한 희생을 각오하고 미국과 남베트남 측에 계속해서 피해를 입혔습니다. 결국 이러한 피해를 견디다 못한 미국은 이후 친미·반공산주의 정권의 남베트남이 북베트남에 의해 붕괴될 위험이 있다는 것을 알면서도 평화협정 체결이라는 '타협적 평화'를 통해 진흙탕 같은 전쟁에서 빠져나가는 선택을 했습니다(미군이 철수한 이후, 북베트남이 남베트남에 승리하며 1975년 베트남을 통일했습니다).

지금까지의 내용을 바탕으로 전쟁 종결 스펙트럼(연속체)을 그림으로 정리해보겠습니다.

스펙트럼의 한쪽 끝에 '분쟁 원인의 근본적 해결'의 '극단'이 있습니다. '분쟁 원인의 근본적 해결'의 '극단'이란 교전 상대를 완전히 뿌리 뽑는, 이른바 '카르타고식 평화'를 의미합니다. 기원전 2세기, 지중해 세계의 패권을 둘러싸고 로마와 카르

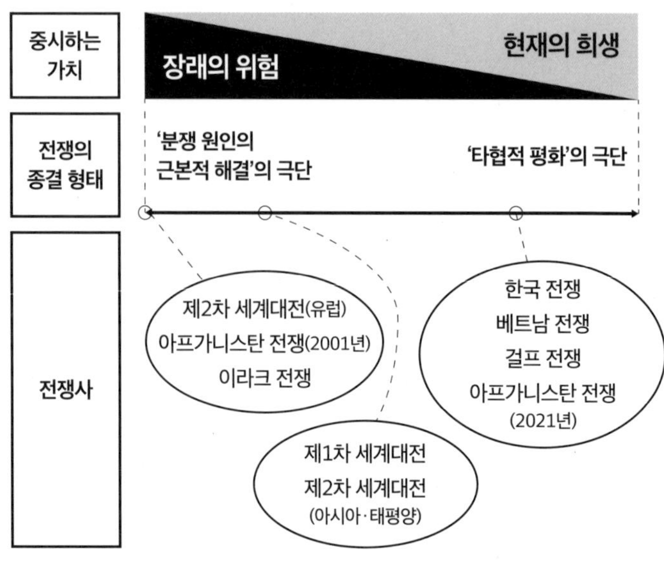



**그림 7-1. 전쟁 종결의 딜레마**

타고가 최종 결전을 벌였던 제3차 포에니 전쟁에서 승리한 로마가 패배한 카르타고를 완전히 멸망시킨 역사적 사건에서 유래한 표현입니다. 반대쪽 끝에는 '타협적 평화'의 '극단'이 있습니다. '타협적 평화'의 '극단'은 교전 상대의 요구를 그대로 받아들이는 형태의 종전으로 설정하겠습니다.

전쟁이 진행되는 가운데, 두 '극단' 사이의 어느 지점에서 '장래의 위험'과 '현재의 희생' 사이의 균형이 결정되고 전쟁은 종결에 이릅니다. 이와 같은 종전의 결정 방식은 아마 많은 사람의 직관에 반하는 논리일 것입니다. 직관적으로 생각하면 강자는 항상 '분쟁 원인의 근본적 해결'이라는 극단을 목표로 하고, 교전 상대가 저항하여 교착 상태에 가까워질수록 점차 '타협적 평화' 쪽으로 기울어질 것으로 보입니다.

그러나 '전쟁 종결의 딜레마'라는 관점에서 보면, 강자가 항상 '분쟁 원인의 근본적 해결'의 극단을 목표로 삼는 것은 아닙니다. 왜냐하면 강자는 스스로 강하다는 사실을 알기에, 약자인 교전 상대가 '장래의 위험'이 될 걱정 없이 타협을 선택할 수 있기 때문입니다. 이는 실제로 걸프 전쟁에서 미국이 이라크를 상대로 취했던 선택이기도 합니다.

## 영국·북베트남과 일본 제국의 운명을 가른 선택

이어서 열세한 세력의 결단도 과거의 사례를 통해 살펴보겠습니다.

제2차 세계대전은 최종적으로 연합국이 승리했지만, 1941년 미국이 참전하기 전까지는 나치 독일이 우세했던 시기가 있었고 실제로 1940년 프랑스는 독일에 굴복하는 형태로 휴전을 선택하기도 했습니다. 한편 영국은 처칠 총리의 리더십 아래, 아군 진영에서 프랑스가 이탈한 뒤에도 독일과 계속 싸우기를 선택했습니다.

이처럼 프랑스와 영국의 판단이 달라진 이유 중 하나로 자신들이 처한 환경에 대한 인식의 차이가 있었습니다. 영국과 프랑스가 열세를 만회하기 위해서는 미국의 참전이 필수적이었는데(이 시점에서 미국은 아직 참전하지 않았습니다), 프랑스가 미국 참전의 가능성을 낮게 보고 사실상 단념한 데에 비해, 영국은 끝까지 희망을 버리지 않았습니다.

또 하나의 이유는 지켜야 할 가치에 대한 인식이었습니다. 프랑스는 수도 파리가 불길에 휩싸이는 '현재의 희생'을 치르기보다, '나치가 지배하는 유럽'이라는 '장래의 위험'을 불가피하게 받아들이는 선택을 했습니다. 그에 반해 영국은 '민주주의'라는 가치를 지키기 위해 '현재의 희생'을 감수하더라도 히틀러가 초래할 '장래의 위험'을 받아들일 수 없다는 결단을 내렸습니다.

베트남 전쟁에서 북베트남 역시 제2차 세계대전 당시의 영국과 비슷한 상황이었습니다. 북베트남은 열세한 세력이었지만, 미국이 지나치게 개입하면 북베트남을 지지하는 중국·소련과의 전쟁으로 확대될 수 있다는 점을 인식시켜 미국이 전력으로 공격하지 못하도록 억제하는 데 성공했습니다.

게다가 북베트남에는 어떤 희생을 치러서라도 지켜야만 하는 '민족의 독립'이라는 가치가 존재했습니다. 베트남은 19세기 프랑스의 식민지가 된 이후, 계속해서 외국(여기에는 제2차 세계대전 때의 일본 제국도 포함됩니다) 세력의 지배를 받아온 역사가 있었기 때문입니다.

반대로 환경과 가치를 잘못 판단한 사례가 바로 일본 제국입니다. 제2차 세계대전에서 열세에 내몰린 일본은 연합국과의 전쟁에서 조금이라도 유리한 '타협적 평화'를 실현하기 위해 소련의 힘에 의지하려고 했습니다. 1945년 7월, 연합국은 일본에 항복을 권유하는 포츠담 선언을 발표했지만 일본은 이를 즉각 받아들이지 않았습니다. 소련이 미국을 비롯한 연합국과의 사이를 조정해줄 것으로 믿고 포츠담 선언의 조항보다 더 유리한 조건을 얻어내려고 했기 때문입니다.

그러나 여기서 소련은 일본을 위해 연합국과의 협상을 중재해주기는커녕, 일본을 상대로 참전에 나섰습니다. 반년 전, 얄타 회담(제5장 참조)에서 소련은 이미 미국과 비밀리에 대일 참전을 약속한 상태였습니다. 소련의 중재에 의지해 유리한 환경으로 바꾸려 했던 일본의 전략은 애초부터 성립하지 않았던 셈입니다.

일본이 소련의 힘을 빌려서라도 연합국으로부터 얻고자 했던 조건은 '국체 수호'의 보장이었습니다. 국체 수호란, 천황을 중심으로 한 일본이라는 국가의 체제(국체)를 유지하는 것을 의미합니다. 그러나 국체 수호를 위해 수많은 국민이 전쟁의 희생양이 된다면, 결국 모두 부질없는 일이 되겠지요.

더욱이 당시의 일본, 그리고 제1·2차 세계대전 때의 독일은 모두 패색이 짙어지자 교전 상대인 연합국 내부의 분열을 기대하며 좀처럼 전쟁을 끝내려고 하지 않았습니다. 그러나 이러한 이간책은 어느 경우에도 성공하지 못했습니다. 전략적인 계획이라기보다는 그저 희망적 관측에 기댔을 뿐이기 때문입니다.

열세한 세력은 자국에 유리한 형태로 환경을 변화시킬 수 있을지, 자신이 지키려는 가치가 과연 희생을 감수할 만한 것인지를 희망적 관측에 기대지 않고 냉정하게 판단해야 합니다. 그런 다음에 비로소 '현재의 희생'을 치르더라도 교전 상대에 굴복하지 않을 것인지, 아니면 '피해를 각오하고' 사태를 진정시키는 길을 택할 것인지 결단해야만 합니다.

# 러시아·우크라이나 전쟁과 이스라엘·가자 분쟁의 출구

현재 계속되고 있는 러시아·우크라이나 전쟁은 어떤 방식으로 종결될까요? 이 전쟁이 시작되었을 당시 푸틴 대통령이 그렸던 출구는 '우크라이나의 수도 키이우를 장악하고, 젤렌스키 정권을 무너뜨려 우크라이나의 무장을 해제하는 동시에 NATO 가입을 저지하는 것'이었습니다. 우세 세력인 러시아의 관점에서 본 '분쟁 원인의 근본적 해결' 방식입니다.

그 배경에는 우크라이나가 서방 진영 쪽으로 기울어가는 것을 '장래의 위험'으로 간주하는 러시아의 강박에 가까운 인식이 자리하고 있습니다. 러시아는 이보다 앞선 2008년에 인근 국가인 조지아를 침공했고 2014년에도 우크라이나령 크림반도를 강제 병합한 바 있습니다. 그 과정에서 러시아군은 피해가 거의 없었기 때문에 우크라이나를 침략하더라도 '현재의 희생'은 크지 않을 것으로 판단했을 가능성도 있습니다.

반대로 열세한 세력인 우크라이나의 관점에서 보자면, '현재의 희생'을 피하기 위해 무기를 내려놓고 러시아에 항복하는 선택은 어떤 결과를 낳을까요? 틀림없이 러시아군 점령지에서 이미 발생하고 있듯 학살, 여성을 대상으로 한 폭력, 납치 같은

‘장래의 위험’에 노출될 것입니다. 따라서 우크라이나는 철저한 항전의 길을 선택했고, 서방의 지원은 우크라이나의 저항을 가능하게 했습니다.

2026년 1월 기준으로, 러시아는 우크라이나 동부·남부의 4개 주 대부분을 점령했습니다. 이러한 상황에서 러시아가 정전을 선택할 특별한 유인은 없어 보입니다. 전쟁을 지속해 우크라이나와 서방 측이 지쳐 나가떨어진다면, 키이우를 장악하는 것도 더 이상 불가능한 이야기만은 아니기 때문입니다. 반면 우크라이나는 설령 정전이 성립되더라도, 러시아가 태세를 재정비한 뒤 합의된 내용을 어기고 다시 공격해 올 수 있다는 ‘장래의 위험’을 받아들여야만 합니다. 미국의 트럼프 정권은 정전을 요구하고 있지만, 만약 정전이 이루어진다 해도 일시적인 조치일 뿐 분쟁 자체는 장기간에 걸쳐 계속될 가능성도 있습니다.

한편, 이스라엘·가자 분쟁에서 우세 세력인 이스라엘은 하마스를 무너뜨리려 하고 있습니다. 이는 2023년 발생한 하마스의 테러와 같은 ‘장래의 위험’을 뿌리 뽑기 위한 시도로 보입니다. 2025년 10월에 이스라엘과 하마스 사이에 잠시 정전이 합의되었지만, 정전이 언제까지 지속될지는 속단할 수 없습니다.

이스라엘이 전투를 재개하면 하마스도 저항을 이어갈 것이고, 가자지구 전역을 점령하려면 이스라엘 측의 '현재의 희생' 또한 늘어날 것입니다. 그런 상황에서는 결국 이스라엘 역시 희생을 감수하면서 이스라엘이 구상한 '분쟁 원인의 근본적 해결'은 달성하지 못한 채, 어느 지점에서는 철수해야 할 가능성도 있습니다.

## 출구 전략의 어려움

이 장에서의 논의를 정리해보면, 실제로 전쟁의 출구가 어떤 모습인지에 정답은 없다는 사실을 알 수 있습니다. '장래의 위험' 제거를 중시하면 '현재의 희생'을 감수해야 하고, 반대로 '현재의 희생'을 피하려면 '장래의 위험'과 공존해야만 하기 때문입니다. 오늘날 우리가 북한의 핵무기 위협을 상대해야 하는 이유 역시 1950년대 UN군과 한국군이 그 시점에서 '현재의 희생'을 회피한 선택의 결과가 뒤늦게 돌아온, 일종의 외상값인 셈입니다.

그러나 그 과정에서 '현재의 희생'으로 망설인 나머지 실제보다 '장래의 위험'을 작게 오인해 성급하게 타협하려다가 단기간에 전쟁이 재개되거나, 반대로 '장래의 위험'을 실제보다 과

대평가해 불필요한 '현재의 희생'을 초래하는 전쟁 종결은 모두 실패한 방식으로 평가할 수 있을 것입니다.

# 제 8 장

# 인류는 또다시 대전쟁을 일으킬까?

# 미국은 '세계의 경찰'을 그만두었다

1989년 냉전 종식이 선언되고 1991년에 소련이 해체되자, 미국은 세계 권력관계 속 군계일학의 존재가 되었고 '미국 1강' 혹은 '미국 1극'이라고 불리는 세계가 찾아왔습니다.

그러나 2001년 9·11 테러 사건이 발생하면서 미국은 '테러와의 전쟁'을 선포했고, 국제 사회는 다시 긴장감에 휩싸였습니다. 같은 해, 미국을 중심으로 한 유지연합은 아프가니스탄의 탈레반 정권이 테러리스트를 숨겨주고 있다며 아프가니스탄을 공격해 탈레반 정권을 무너뜨렸습니다. 이어 2003년에는 이라크의 후세인 정권이 은닉하고 있는 대량살상무기가 테러리스트의 손에 넘어갈 위험이 있다는 이유로 이라크를 침공해 후세인 정권을 타도했습니다.

미국은 아프가니스탄과 이라크가 다시 테러의 온상이 되지 않도록 군대를 주둔시키고 새로운 국가를 건설하는 데에도 관여했습니다. 그러나 두 나라에 주둔한 미군은 현지의 반대 세력으로부터 지속적인 공격을 받았습니다. 더구나 후세인 정권이 실제로는 대량살상무기를 보유하고 있지 않다는 사실도 밝혀졌습니다.

결국 미군은 2011년 이라크에서, 2021년에는 아프가니스탄에서도 완전히 철수했습니다. 아프가니스탄에서는 탈레반이 다시 정권을 장악하면서, 미국과 동맹국들이 20년 동안 구축해온 새로운 국가 만들기는 실패로 끝났습니다.

제2차 세계대전 이후 미국은 '세계의 경찰'로 불리며, 동맹국은 물론 세계 각지의 안전 문제에 적극적으로 개입해왔습니다. 그러나 아프가니스탄과 이라크에서의 오랜 전쟁으로 이제 미국은 지쳐버린 듯합니다. 2013년 미국의 오바마 대통령은 "미국은 세계의 경찰이 아니다"라고 선언했고, 뒤를 이은 트럼프 대통령도 "아메리카 퍼스트"를 내세웠습니다.

# 제국의 부활?
## - 서쪽의 우크라이나, 동쪽의 대만

그사이 중국은 경제적으로 힘을 축적하며 군사력도 증강해왔습니다. 중국은 주변 국가들에 압박을 가하기 시작했는데, 일례로 일본과의 관계에서는 센카쿠 열도의 영유권을 주장하며 주변 해역에 계속해서 선박을 내보내고 있습니다. 또한 남중국해 대부분을 자국 영해라고 주장하기 시작하여 동남아시아 국가들과도 갈등을 빚고 있습니다. 2010년, 중국의 양제츠 외교부장은 동남아시아 국가들과의 회의에서 이런 말까지 했습니다.

"중국은 대국이고 다른 나라는 소국이다. 이건 엄연한 사실이다."

더 나아가 중국의 시진핑 국가주석은 대만 침공 역시 가능한 이야기라며 공공연히 언급하고 있습니다. 제5장에서 설명했듯 냉전 초기인 1949년 중국공산당이 중국국민당과의 내전에서 승리해 중화인민공화국을 건국했을 때, 국민당의 중화민국 정부는 대만으로 도피했습니다. 이후 대만은 오늘날까지 중국의 지배를 받지 않은 채, 선거를 통해 자신들의 지도자를 선출해왔습니다. 그러나 중국은 대만의 주권을 인정하지 않으며, 무력으로라도 대만을 병합해야 중국 통일이 완성된다고 생각하고 있습니다.

점차 중국을 향한 경계가 심해지는 가운데, 2022년에는 러시아가 우크라이나를 침공하기 시작했습니다. 푸틴 대통령은 우크라이나가 러시아의 영향권 아래 있어야 할 지역이라고 주장하고 있습니다. 러시아는 자위권에 근거한 행동이라고 설명하고 있으나, 도저히 받아들이기 어려운 이야기입니다.

만약 러시아가 우크라이나를 완전히 제압하게 되거나, 여기에 더해 중국의 대만 침공까지 용인된다면 세계 모든 국가가 대등한 관계로서 전쟁을 부정하는 현대의 '주권' 국가 체제가 무너질 수 있습니다. 이는 과거 여러 지역과 다양한 민족을 강제로 통합해 지배하던 '제국'의 시대가 부활하는 것과 다름없습니다.

한편, 러시아의 우크라이나 침략을 저지하고자 미국이 우크라이나에 군대를 파견해 러시아군과 직접 전투를 벌이게 된다면, 그것은 곧 제3차 세계대전으로 이어질 수 있습니다. 또한 중국이 대만을 침공할 경우, 미군이 대만의 국방에 개입한다면 미군과 중국군이 직접 충돌하게 됩니다. 여기에 북한이 함께 움직일 가능성도 고려해야 합니다. 오늘날 서쪽의 우크라이나, 동쪽의 대만을 둘러싼 분쟁은 대전쟁의 도화선이 될 위험을 안고 있습니다.

## 전쟁을 막고, 끝내려면

러시아와 중국이 힘에 의한 일방적 현상 변경을 시도하려고 할 때, 집단 전체가 침략을 저지하는 UN의 '집단 안전 보장'이 작동하기란 거의 불가능합니다. 두 나라 모두 UN 안보리 상임 이사국으로서 거부권을 보유하고 있기 때문입니다.

집단 안전 보장이 기능하지 않는다면, 국가들 사이의 힘의 균형을 유지함으로써 제국의 출현을 막는 '세력 균형' 방식을 고려해볼 수 있습니다. 실제로 러시아가 동유럽으로 세력을 확장하려고 했을 때, 주로 미국과 EU·영국 등의 국가가 우크라이나 편에 서서 러시아를 저지해왔습니다. 또한 중국에 대해서도 미국·일본·호주·인도 4개국이 참여하는 협의체 '쿼드(QUAD)'가 구축되어 있습니다.

미국이 예전처럼 세계의 모든 문제에 적극 개입하지 않으면서 '동맹의 딜레마' 속 미국은 동맹에 '휘말릴' 위험을 경계하는 한편, 동맹국들은 미국으로부터 '버려지는' 상황을 우려하게 되었습니다. 그 결과 미국 이외의 일본과 같은 국가가 앞

장서야 하는 상황이 늘어나고 있습니다.

19세기 유럽에서 세력 균형이 실패하고 '안전 보장 딜레마'가 극한으로 치달아 '취약성에 의한 전쟁', 즉 제1차 세계대전이 발발했던 사실을 떠올리면, 오늘날 미국과 그 동맹국의 움직임이 불안하게 느껴질 수도 있습니다. 자국의 안전을 강화하기 위해 합리적으로 내린 선택이 상대국 역시 안전을 확보하기 위한 합리적 대응에 나서게 만들어, 결과적으로는 서로의 안전이 모두 저하되는 상황. 나아가 상대보다 먼저 행동하지 않으면 자신의 약점이 공격당할 수 있다는 공포로 인해 전쟁에 돌입할 수밖에 없는 상황이지요(이 내용이 확실히 이해되지 않는다면 제3장을 다시 참고하시기 바랍니다!).

그러나 현재 러시아와 중국의 행보는 '취약성'에서 비롯되었다기보다는, 기회가 있다면 적극적으로 치고 나가려는 '기회주의'에 기반한다고 볼 수 있습니다. 그렇다면 여기에서 자연스럽게 떠오르는 것이 바로 '뮌헨의 교훈'입니다. 한 번이라도 침략자의 요구를 받아들이면 한층 더 큰 침략을 부추길 뿐이라는 교훈이었습니다. 따라서 지금 우리에게 필요한 것은 러시아와 중국이 겁을 먹고 먼저 손쓰지 않도록 안심시키는 '보장' 또는 이들을 달래며 주장을 들어주는 '유화'가 아니라, 위협을 가

해서라도 이들 국가의 행동을 저지하는 '억지'라고 볼 수 있습
니다.

한편, 러시아와 중국 모두 핵무기 보유국이므로 '핵을 사
용하면 핵으로 보복하겠다'라는 위협을 통해 상대의 핵 공격을
억제하는 '핵 억지'를 확보해, 이들 국가의 핵무기 사용을 봉쇄
해야 합니다. 여기에는 동맹국에 대한 '확장 억지'도 포함됩니
다. 그 이후에는 '안정·불안정의 역설', 즉 서로 핵 공격을 주고
받을 가능성은 낮아지지만, 제한적 분쟁이 쉽게 발생하는 상
황에 대비해 통상 전력으로 힘의 균형을 유지하는 것도 중요합
니다.

지금도 계속되고 있는 러시아·우크라이나 전쟁은 러시아
가 마치 강박관념처럼 '장래의 위험'을 중요시하며 '분쟁 원인
의 근본적 해결'을 고집하고, 이에 맞서 우크라이나가 저항을
이어가는 한 쉽게 끝을 보기 어렵습니다. '전쟁 종결의 딜레마'
속에서 러시아가 '현재의 희생'을 감당하지 못하고 '타협적 평
화' 쪽으로 기울어가는 방향이 바람직하다고 볼 수 있지만, 현
실적으로는 쉽지 않은 상황입니다. 다만 우크라이나와 서방 측
이 '현재의 희생'을 피하고자 성급하게 '타협적 평화'로 나아간
다면, 세계 전체가 힘에 의한 일방적 현상 변경이 허용되는 '장

래의 위험'에 놓이게 될 것입니다.

이스라엘·가자 분쟁에서는 이스라엘이 끝까지 '분쟁 원인의 근본적 해결'을 고집해 전투를 재개할 가능성이 있습니다. 그렇게 된다면 이스라엘과 가자 사이의 분쟁에 그치지 않고, 하마스의 배후인 중동의 강대국 이란과 이스라엘을 지원하는 미국과의 전쟁으로 확대되어 전 세계가 더 큰 혼란의 소용돌이에 휩쓸리게 될 수도 있습니다.

## 일본도 예외가 아니다

지금까지 살펴본 것처럼, 오늘날 세계는 냉전 종식 이후의 위기 속에 놓여 있습니다. 동유럽과 중동에서는 이미 분쟁이 불붙고 있으며, 그 불길이 내일은 동아시아로 번지지 말라는 법은 없습니다. 더 나아가 제3차 세계대전으로 발전하지 않으리라고 단언할 수도 없습니다.

이러한 상황 속에서, 일본은 평화를 지키기 위해 어떤 역할을 해야 할까요? 제2차 세계대전 이후 일본은 전쟁을 포기하고 전력을 보유하지 않겠다는 헌법 9조를 내세워왔습니다. 지금으로부터 약 100년 전 일본 스스로가 기회주의적 전쟁을 시작했던 역사는 이 책에서도 살펴본 것처럼 분명하고도 무거운 사실입니다. 그러나 이제부터는 단순히 '평화'를 외치는 데 그칠 것이 아니라 '직관에 반하는 논리'로 가득 차 복잡한 이 세상의 현실을 이해한 뒤, 평화를 실현하기 위한 구체적인 노력을 직접 해나가는 것이 중요하지 않을까요?

세계 각국의 권력관계에 따라 평화가 유지되기도 하고 반대로 전쟁이 일어나기도 하지만, 우리 역시 이러한 흐름에서 예외가 아닙니다. 어쩌면 우리의 선택이 세계 권력관계의 향방을 크게 좌우하는 순간이 찾아올 수도 있습니다. '머리말'에서도 이야기했지만, 전쟁이 너무도 쉽게 일어나는 세상이 되지 않도록, 우리 한 사람 한 사람이 세계 권력관계를 제대로 이해하고 생각해보는 것이 무엇보다 중요합니다. 이 책을 통해서 여러분이 세계 권력관계를 조금이라도 더 또렷이 바라볼 수 있게 되었다면 저자로서 더없이 기쁠 것입니다. 마지막까지 읽어주셔서 감사합니다.

# 저자 후기

이 책의 내용은 대학 강의로 치면 '국제정치학'에 해당합니다. 일반적으로 국제정치학 강의는 국가 간 대립에 초점을 맞춘 '현실주의'와 협력을 중시하는 '자유주의'라는 개념에서 시작하는 경우가 많습니다만, 이 책에서는 일부러 구성을 다르게 했습니다. '이론의 아름다움'을 겨루는 이야기가 중심이 되어버리면, 특히 중·고등학생 독자 여러분이 어렵게 느끼지 않을까 걱정했기 때문입니다. 다만, 읽기 쉽도록 신경 쓰다 보니 상당히 '현실주의'에 가까운 내용이 되었습니다. 이 점을 참고해주시기 바랍니다.

또한 이야기가 지나치게 복잡해지지 않도록 전문 용어와 기본 개념도 매우 압축해서 설명했습니다. '질서', '패권', '이데올로기', '민주주의', '베스트팔렌 체제' 등 국제정치학에서 중요한 개념이지만 굳이 다루지 않은 부분도 있습니다. 아울러 역사에 대한 해석 역시, 실제로는 이 책에서 언급한 이야기보다 훨씬 복잡하다는 점도 덧붙여두고 싶습니다.

저의 전문 분야는 전후 일본의 안전 보장이며, 부전공으로 전쟁 종결론을 연구하고 있습니다. 저는 오래전부터 언젠가 국제정치 입문서를 써보고 싶다는 막연한 바람이 있었습니다. 그러던 중 집필을 권유해주신 분이 당시 지쿠마프리마 신서 출판사의 편집장이셨던 하시모토 요스케 씨였습니다.

하시모토 씨로부터 학생들도 두루 이해할 수 있는 책을 써달라는 요청을 받았을 때, 그동안 주로 학술서나 성인을 대상으로 한 교양서를 써온 저에게는 적잖은 도전이 될 것으로 생각했습니다. 하지만 '내가 학생이었을 때 이런 책을 만났더라면 좋았을 텐데'라고 상상하며 집필하다 보니, 의외로 무척 즐거운 작업이 되었습니다. 머지않아 제 딸과 두 아들도 이 책을 읽어주기를 기대하고 있습니다. 이렇게 소중한 기회를 주신 하시모토 씨와, 이 책을 세상에 내보내주신 현 편집장 후지오카 미레이 씨께 감사드립니다.

이 책의 일부는 제가 아오야마가쿠인대학에서 1학년 학생들(수강생 수백 명 중 대부분은 이과 학생이었습니다)을 대상으로 강의했던 내용을 가능한 알기 쉽게 풀어 쓴 내용이기도 합니다. 전 연령을 위한 책이기는 하지만, 내용의 수준 자체는 그에 준하는 것임을 밝혀둡니다. 아오야마가쿠인대학에서 강의 기회를 소개해주신 동 대학의 전 부학장, 쓰치야마 지쓰오 선생님께도 감사의 말씀을 전합니다.

이 책을 다시 읽어보면서 학창 시절 무라타 고지 선생님, 나가야마 히로유키 선생님, 故 하야시 도시히코 선생님을 비롯한 많은 선생님의 강의에서 처음 접했던 내용이 곳곳에 녹아 있음을 새삼 깨달았습니다. 제게 학문의 즐거움을 가르쳐주신 모든 선생님께 다시 한번 감사드립니다.

아울러 같은 지쿠마프리마 신서 시리즈인 쓰루오카 미치

토 저자의 『처음 만나는 전쟁과 평화(はじめての戦争と平和)』(2024

년)와 이 책을 함께 읽어보시면 이해에 큰 도움이 될 것입니다.

마지막으로, 전 세계에서 총성이 멎고 어린이 세대가 안심

하고 살 수 있는 세상이 되기를 진심으로 바랍니다.


2025년 1월

지지와 야스아키

주요 참고 문헌

石井修 「ニクソン政権の核戦略」 『一橋法学』 13巻 1号 (2014年 3月)

市川浩 『冷戦と科学技術―旧ソ連邦1945―1955年』 ミネルヴァ書房, 2007年

兼原信克 『安全保障戦略』 日本経済新聞出版, 2021年

ヘンリー・A・キッシンジャー(岡崎久彦監訳) 『外交』(上)(下) 日本経済新聞社, 1996年

ヘンリー・キッシンジャー(伏見威蕃訳) 『国際秩序』 日本経済新聞出版社, 2016年

ゴードン・A・クレイグ, アレキサンダー・L・ジョージ(木村修三・五味俊樹・高杉忠明・滝田賢治・村田晃嗣訳) 『軍事力と現代外交―現代における外交的課題[原著第4版]』 有斐閣, 2009年

斎藤元秀 『ロシアの対日政策(上)―帝政ロシアからソ連崩壊まで』 慶應義塾大学出版会, 2018年

トーマス・シェリング(河野勝監訳) 『紛争の戦略―ゲーム理論のエッセンス』 勁草書房, 2008年

高坂正堯 『古典外交の成熟と崩壊』 中央公論社, 1978年

高坂正堯 「地政学者マッキンダーに見る20世紀前半の権力政治」 高坂正堯著作集刊行会編 『高坂正堯著作集 第7巻』 都市出版, 2000年

後醍院良正編 『失はれし政治 近衛文麿公の手記』 朝日新聞社, 1946年

ジャレド・ダイアモンド(倉骨彰訳) 『銃・病原菌・鉄―1万3000年にわたる人類史の謎』(上)(下) 草思社, 2012年

千々和泰明 『戦争はいかに終結したか―二度の大戦からベトナム, イラクまで』 中公新書, 2021年

千々和泰明 『戦後日本の安全保障―日米同盟, 憲法9条からNSCまで』 中公新書, 2022年

千々和泰明 『日米同盟の地政学―「5つの死角」を問い直す』 新潮選書, 2024年

土山實男 『安全保障の国際政治学―焦りと傲り[第2版]』 有斐閣, 2014年

出口治明 『「全世界史」講義―教養に効く! 人類5000年史Ⅰ 古代・中世編』 新潮社, 2016年

出口治明 『「全世界史」講義―教養に効く! 人類5000年史Ⅱ 近世・近現代編』 新潮社, 2016年

ジョセフ・S・ナイ・ジュニア, デイヴィッド・A・ウェルチ(田中明彦・村田晃嗣訳) 『国際紛争―理論と歴史[原著第10版]』 有斐閣, 2017年

ハリー・ヒンズリー(佐藤恭三訳) 『権力と平和の模索―国際関係史の理論と現実』 勁草書房, 2015年

S・C・M・ペイン(荒川憲一監訳・江戸伸禎訳) 『アジアの多重戦争 1911―1949―日本・中国・ロシア』 みすず書房, 2021年

船橋洋一 『地経学とは何か』 文春新書, 2020年

マイケル・C・ホロウィッツ, ローレン・カーン, ローラ・レズニック・サモティン 「AI をいかに戦力に取り込むか―未来の戦力をどう評価する」 『フォーリン・アフェアーズ・リポート』 2022年 No.6 (2022年6月)

ウィリアム・H・マクニール(佐々木昭夫訳) 『疫病と世界史』(上)(下) 中公文庫, 2007年

山本健 『ヨーロッパ冷戦史』 ちくま新書, 2021年

アンドリュー・J・ロッター(川口悠子・繁沢敦子・藤田怜史訳) 『原爆の世界史―開発前夜から核兵器の拡散まで』 ミネルヴァ書房, 2022年

マーティン・ワイト(佐藤誠・安藤次男・龍澤邦彦・大中真・佐藤千鶴子訳) 『国際理論―三つの伝統』 日本経済評論社, 2007年

Correlates of War, National Material Capabilities (v6.0) https://correlatesofwar.org/data-sets/national-material-capabilities/

Maddison Historical Statistics https://www.rug.nl/ggdc/historicaldevelopment/maddison/original-maddison

Richard Little, *The Balance of Power in International Relations : Metaphors, Myths and Models* (Cambridge : Cambridge University Press, 2007)

Michael Mandelbaum, *The Nuclear Revolution: International Politics before and after Hiroshima* (Cambridge : Cambridge University Press, 1981)

Janice Gross Stein, "The Security Dilemma in the Middle East," Bahgat Korany, Paul Noble, Rex Brynen eds., *The Many Faces of National Security in the Arab World* (Palgrave Macmillan, 1993)